Carl Ludwig Naumann

Orientierungs-wortschatz

Die wichtigsten Wörter und Regeln für die Rechtschreibung
Klasse 1 bis 6

Mit Beiträgen von Karl-Ludwig Herné,
Ingrid Niedersteberg, Angelika Nührig, Hildegard Weiden

Beltz Verlag · Weinheim und Basel

Carl Ludwig Naumann, Jg. 1944, Dr. phil. habil., Professor an der Universität Hannover, Institut für deutsche Sprache und Literatur und ihre Didaktik.

Überarbeitete 4. Auflage der Handreichung „Rechtschreibwörter und Rechtschreibregelungen" zum Lehrplan Grundschule Sprache. Mit einem Beitrag von Ingrid Niedersteberg. Redaktion: Frank Schindler, Elke Diekmann, unter Verwendung von Material von Siegfried Asmuth. Soest 1986, 122 S.; 2. Aufl. 1987; 3., überarbeitete Aufl. 1990.

Alle Rechte, insbesondere das Recht der Vervielfältigung und Verbreitung sowie der Übersetzung, vorbehalten. Kein Teil des Werkes darf in irgendeiner Form (durch Fotokopie, Mikrofilm oder ein anderes Verfahren) ohne schriftliche Genehmigung des Verlages reproduziert oder unter Verwendung elektronischer Systeme verarbeitet, vervielfältigt oder verbreitet werden.

Besuchen Sie uns im Internet:
http://www.beltz.de

Gesetzt nach den neuen Rechtschreibregeln
Lektorat: Peter E. Kalb

© 1999 Beltz Verlag · Weinheim und Basel
Herstellung: Klaus Kaltenberg
Layout und Druckvorlage: Karl-Ludwig Herné
Druck: Druckhaus Beltz, Hemsbach
Umschlaggestaltung: Federico Luci, Köln
Umschlagfoto: Michael Seifert, Hannover
Printed in Germany

ISBN 3-407-62389-5

Inhaltsverzeichnis

Auf einen Blick

Was der Orientierungswortschatz nicht *ist*

Er ist kein Grundwortschatz; dafür wäre er zu umfangreich.

Er ist auch nicht für die Hände der Schüler geeignet; dafür ist er zu trocken.

Was der Orientierungswortschatz sein kann

Er kann helfen, Grundwortschätze zusammenzustellen. Denn er enthält knapp 2000 häufige Wörter mit Angaben zu Herkunft, Häufigkeit, Wortart und orthographischen Eigenschaften und Problemen.

Er kann helfen – auch außerhalb Grundwortschatz-orientierten Unterrichts –, wenn Material für den Rechtschreibunterrricht gebraucht wird,

- das in möglichst vieler Hinsicht bedeutsam für die Kinder ist,
- das wichtige Regeln an besonders geeigneten Wörtern repräsentiert,
- das sich in vielfältigen Übungen verwenden läßt, ohne an den Haaren herbeigezogen werden zu müssen.[1]

Der Orientierungswortschatz ist also für die Hand des Lehrers oder der Lehrerin gedacht.[2]

---

1 Vgl. „Das Wiesel auf dem Kiesel inmitten Bachgeriesel" von Chr. Morgenstern.

2 Weil die Lehrer jedenfalls in der Grundschule die Minderheit sind, sollen sie sich im Folgenden mitgemeint fühlen, wenn von *Lehrerinnen* gesprochen wird. Bei den Kindern sind die Jungen häufiger schlechte Schreiber, die erhöhte Aufmerksamkeit benötigen; also ist von *Schülern* die Rede.

Schnelleinstieg

Wenn Sie von einem WORT wissen wollen, wer es wie häufig verwendet und welche orthographischen Eigenschaften es hat, schlagen Sie in der *Alphabetischen Orientierungsliste* nach (Kapitel 5). Für das Verständnis der Kürzel sollten Sie anfangs die herausklappbare Seite am Ende des Buches benutzen, eventuell in Verbindung mit Kapitel 4.

Wenn Sie über eine orthographische REGELUNG wissen wollen,

- wie man sie genauer formulieren kann,
- wie wenige oder viele Ausnahmen sie hat,
- welche Wörter dieser Regelung unterliegen und
- welche Wörter sich besonders als Modelle für bestimmte Regelungen eignen,

dann schlagen Sie in Kapitel 6 nach. Es enthält Regelungen und zeigt, für welche häufigen Wörter sie gelten und an welchen Wörtern sie sich gut erarbeiten lassen.

Bemerkung zur Schreibweise

Wenn es erforderlich ist – also nicht in Tabellen, aber im laufenden Text – werden geschriebene und gesprochene Sprache durch besondere Zeichen unterschieden. Phoneme, also Laute unter Absehung von bestimmten, für die Schrift unwichtigen Unterschieden, sind zwischen Schrägstriche gesetzt; dabei wird ein einfacher Zeichenvorrat benutzt. Zum Beispiel /e:/ für den lang gesprochenen e-Laut und /ɛ/ für den kurz gesprochenen ä-Laut. Grapheme, also Buchstaben und Buchstabenfolgen, werden in spitze Klammern eingeschlossen: <aa>, <eh>, <tt>.

1. Reformauswirkungen

Die Rechtschreibreform wirkt sich auf die *Alphabetische Orientierungsliste* bei 60 Eintragungen aus. Die veränderten Stichwörter sind in den Wortlisten durch ein ® gekennzeichnet.

In der Reihenfolge der amtlichen Regelung:

A. Laut-Buchstaben-Beziehungen

besser: kein Wechsel mehr mit *ß*,
    z.B.: *beßre dich!*
bisschen ← *bißchen*
bissen (zu *beißen*): kein Wechsel
    mehr mit *ß*, z.B.: *biß*
dass ← *daß*
essen, Essen: kein Wechsel
    isst ← *ißt*
    ebenso: *auf'essen, Mittag'essen*
Fass: kein Wechsel
fassen: kein Wechsel
    ebenso: *an'fassen*
flossen: kein Wechsel
Fluss: kein Wechsel
fressen: kein Wechsel
    frisst ← *frißt*
    ebenso: *auf'fressen*
ge'nossen (zu *genießen*): kein Wech-
    sel
gewiss ← *gewiß*
gossen (zu *gießen*): kein Wechsel
Joghurt, jetzt auch: *Jogurt*

Kissen: kein Wechsel
Klasse: kein Wechsel
Kuss: kein Wechsel
lassen: kein Wechsel
    ebenso: *los'lassen*
messen: kein Wechsel
müssen: kein Wechsel
    musst ← *mußt*
nass: kein Wechsel
Nuss: kein Wechsel
passen: kein Wechsel
    ebenso: *auf'passen*
Prinzess'in: kein Wechsel
rissen (zu *reißen*): kein Wechsel
    ebenso: *auf'reißen, aus'reißen*
schlossen (zu *schließen*): kein Wech-
    sel
Schloss: kein Wechsel
Schluss: kein Wechsel
schmissen (zu *schmeißen*): kein
    Wechsel
Schuss: kein Wechsel

selbst'ständig, weiterhin auch: *selb'ständig* *stopp* ← *stop* *Tasse:* kein Wechsel *tschüs*, auch: *tschüss*	*ver'gessen:* kein Wechsel *Wasser:* kein Wechsel *wissen, W.:* kein Wechsel *wussten* ← *wußten*

Es handelt sich also ganz überwiegend um die Aufhebung des Wechsels zwischen *ss* und *ß*. Zum verbleibenden Wechsel bei einigen Verben vgl. Kapitel 7.2.

B. Getrennt- und Zusammenschreibung

Einige Fälle sind des Zusammenhangs wegen in Klammern miterwähnt, auch wenn sie nicht bzw. nur in Teilen in der *Alphabetischen Orientierungsliste* stehen.

künftig immer getrennt

kennen lernen
    (alle Verbindungen aus Verb +
    Verb)
Ski fahren
spazieren gehen
wieder sehen
wie viel
zu viel

künftig immer zusammen

Dienstagabend, -morgen usw.
irgend'etwas, -jemand (wie bisher
    schon: *-was, -wer, -welche,
    -wie, -wo*)
umso

Die Faustregel lautet: In Zweifelsfällen getrennt. – Insgesamt ist das kein systematischer Stoff für die Grundschule, ebenso wenig für die Orientierungsstufe (die neuen Regeln zur Getrennt- und Zusammenschreibung haben die nachhaltigste Kritik gefunden). Einzelne häufige Fälle sollten bei Bedarf behandelt werden.

Nur wenige Teile der weiteren Änderungen sind in einem Wörterbuch zu verzeichnen, und zwar in D und E. Von den weiteren Änderungen ist nur F vollständig für die Grundschule geeignet. Sonst ist viel grammatisches Wissen vorauszusetzen, das in der Grundschule nicht allgemein erreicht wird.

9

C. Bindestrich

Kein Grundschulstoff, auch in der Orientierungsstufe noch nicht systematisch zu behandeln.

D. Groß- und Kleinschreibung

Die Anrede in Briefen wird nicht mehr großgeschrieben.

In Verbindungen wie

heute Morgen
heute Vormittag
heute Mittag
heute Nachmittag
heute Abend

wird die Tageszeitangabe großgeschrieben.

E. Zeichensetzung

Nur das Komma nach wörtlicher Rede ist Grundschulstoff. Jetzt muss nach jeder wörtlichen Rede ein Komma gesetzt werden, auch wenn sie mit ...?" oder ...!" schließt. Zum Beispiel: „*Wie konnte das passieren!*", *brüllte er.*

Weder in der Grundschule noch in der Orientierungsstufe ist weiteres Neues systematisch zu behandeln.

F. Worttrennung am Zeilenende (so genannte Silbentrennung)

Trennung auch von *s-t: Fens-ter, Wes-ten*; vor *ck: Da-ckel, we-cken.*

Freigabe der Trennung bei undurchsichtigen Zusammensetzungen. Man darf also jetzt zum Beispiel trennen: *da-rauf, he-rein*; bei Fremdwörtern nach Sprechsilben: *Diph-thong, He-li-kop-ter, Pä-da-go-gik.*

2. Was ist und was leistet ein Orientierungswortschatz?

Etwas zuspitzend kann man die Grundwortschatzdiskussion, die in der alten BRD während der frühen 80er-Jahre besonders heftig geführt wurde, auf die folgende Linie bringen.

Diese Linie findet sich bereits in Naumann 1985, einer Grundlegung für die 1. Auflage dieses Buches. Einige Passagen sind daher von dort ohne Kennzeichnung zitiert, das meiste ist inhaltlich übernommen. Von mehreren vermeintlichen Neuentdeckungen und dem Ausbau und der Reflexion älterer Argumente abgesehen, bieten nur August 1989 und ansatzweise Brügelmann 1993 eine Weiterführung des damaligen Standes; zu August vgl. unten (14). − In Naumann 1985 benannte ich als „Grundwortschätze der zweiten Generation", was hier deutlicher „Orientierungswortschatz" heißt, denn die vorliegende Materialsammlung hat sich nicht nur im Rahmen reiner Grundwortschatzarbeit bewährt.

(1) Grundwortschatzorientiertes Rechtschreiblernen ist keine Unterrichtsmethode, sondern ein methodisches Element. Dies Methoden-Element ist mit einigen anderen in Rechtschreibunterricht (Lehrerperspektive) und Rechtschreiberwerb (Schülerperspektive) verträglich.

ein **Methoden-Element**

(2) Die tragende Annahme besagt, dass Rechtschreibsicherheit, unbestrittenes Ziel der Rechtschreibarbeit, am besten durch Ermutigung unterstützt wird.

Ermutigung

Die westdeutsche Grundwortschatzdiskussion der frühen 80er-Jahre lässt sich anfänglich als später Versuch der Operationalisierung von Lernzielen deuten. Dass er so spät begann, mag zunächst verwundern. (In der DDR erschien Wendelmuths Sammlung bereits 1971 in erster Auflage!)

- Die endlos wiederholten Auseinandersetzungen über ein vermutetes allgemeines Sinken der Rechtschreibleistungen hätten schon früher Bemühungen erwarten lassen.

- Von der Sachanalyse her eignet sich unter den Stoffen des Deutschunterrichts die Rechtschreibung am ehesten zur Fixierung.

Jedoch:

- Erst Anfang der 80er-Jahre lagen umfangreichere Sammlungen zur gesprochenen und geschriebenen Sprache von Kindern vor. Damit konnte die Gründung auf z.T. uralte Daten aus der Schreibproduktion von Erwachsenen ergänzt werden.

- Die Möglichkeit, größere Mengen von Kindersprache auszuwerten, hängt ihrerseits von einer wissenschaftlichen und einer technischen Entwicklung ab: von der Stärkung der Forschungsmöglichkeiten zum Grundschulunterricht (die Pädagogischen Hochschulen waren wissenschaftliche Hochschulen geworden) und vom Computer als Forschungsinstrument, der die alten Karteikästen ersetzte und überbot.

Eine Präzisierung des Ziels „Rechtschreibsicherheit" lässt sich grundsätzlich dreifach fassen:

a) Definition von Wörtermengen: Sch. beherrscht x Wörter.

b) Definition von Regelbeherrschung: Sch. wendet y Regeln auf bekannte und unbekannte Wörter an.

c) Definition von Stabilität: Sch. schreibt z Prozent Wörter wiederholt richtig.

Stoff-Begrenzung (3) Neben den Arbeitsverfahren kann die Begrenzung des Stoffes zur Ermutigung beitragen: Rechtschreibsicherheit kann nicht in der perfekten Beherrschung ALLER Wörter und Befolgung aller Regeln sowie in vollständiger Stabilität bestehen. Die Beherrschung muss vielmehr angemessen begrenzt werden.

„Für den RSU bedeutet [das], die Ziele in Anpassung an die Schulrealität „endlich" und damit erreichbar zu machen, vor allem auch, dem Gefühl der Unsicherheit und der Gefahr einer ständigen Überforderung vieler Schüler zu begegnen." (Plickat 1979, 171)

1000 Wörter (4) Die lange Zeit übliche Folgerung aus (3) war die Fixierung des Stoffes auf eine Liste mit meist 1000 Wörtern für die Grundschule.

1000 ist eine pädagogisch begründete Zahl; diese Menge kann in der vorgegebenen Zeit gründlich geübt werden. – Allerdings war mit dieser Operationalisierung erst (2) a) im Blick. Damit geriet die Grundwortschatzdiskussion ins Fahrwasser der Ganzwort-Orientierung, die im Anfangsunterricht gerade schon verlassen war. Heute ist auch in der rechtschreibtheoretischen und -didaktischen Diskussion die einseitige Wortorientierung überholt.

J-Verteilung in der Sprache (5) Nicht die Zahl 1000, jedoch die grundsätzliche Begrenzung kann quantitativ-linguistisch unterstützt werden aus der so genannten degressiven Struktur: Sprachliche Einheiten zeigen auf verschiedenen Ebenen kein gleich häufiges Vorkommen in Texten, sondern ein überlineares Ansteigen der Häufigkeiten (so genannte J-Verteilung). Wenn die besonders häufigen Einheiten beherrscht werden, ist zu erwarten, dass dadurch Ermutigung und Sicherheit unterstützt werden.

12

Die J-Struktur der Worthäufigkeiten besagt, dass es viele sehr selten auftretende Einheiten gibt und eine kleine Reihe extrem häufiger. Allerdings gibt es im Wortschatz keine derartige Häufigkeitsstruktur, dass alle Wortschatzerhebungen zu den genau gleichen häufigsten 1000 Wörtern kämen, dafür sind Wortdefinitionen, Probanden, Erhebungszeiten und -situationen zu verschieden; und es gibt unter den häufigsten Wörtern eine Reihe orthographisch irregulärer Kurzwörter. Andererseits sind die Übereinstimmungen doch so groß, dass die J-Verteilung nicht ignoriert werden sollte. (Gegen Kühn 1979, August 1989 und einige andere.)

(6) Ein Mangel in der Realisation war lange Zeit, dass nur SCHRIFTLICHE Erwachsenensprache berücksichtigt wurde; allerdings lag anderes empirisches Material kaum vor. Die (überwiegend daraus geschöpften) so genannten synthetischen oder pädagogischen Wortschätze weisen ihre Auswahlkriterien nicht nach und sind daher doppelt problematisch.

> **nicht nur Erwachsenensprache**

Zu synthetischen/pädagogischen Wortschätzen vgl. auch Hesse/Wagner (1985). – Dass Hesse/Wagner für ihren eigenen Grundwortschatz synthetische mit empirischen Wortschätzen unterschiedslos mischen, schmälert den Wert ihrer Sammlung; auch ihre – an sich wünschenswerte – Zuordnung der Wörter zu Klassenstufen muss sich fast ganz auf diese problematischen Quellen stützen (vgl. auch Hesse/Wagner, z.B. 41).

(7) Klassenbezogene Rechtschreib-Grundwortschätze – eine erste Gegenbewegung aus der Kritik gemäß (6) – versuchten zweierlei: Einerseits sollten sie nur Kindersprache aufnehmen. Vgl. aber (10). Sie schütten jedoch das Kind auch mit dem Bade aus, sozusagen nach der anderen Seite. Denn so kann nicht genügend auf den erwachsenen Schreiber und seine Bedürfnisse hin gearbeitet werden.

> **Kindersprache?**

(8) Aus (6) und (7) folgt: Die Auflistung der Wörtermenge muss sich orientieren an häufigen Kinderwörtern UND an häufigen Erwachsenenwörtern ZUGLEICH. Kinderwörter sind dabei nicht nur aus dem geschriebenen Wortschatz zu nehmen, sondern auch aus dem gesprochenen, um spontanes Schreiben zu unterstützen. Bei den Erwachsenenwörtern ist zu bedenken, dass die Zählungen geschriebener Sprache eine besonders gefilterte Menge von Wörtern beinhalten, nämlich Wörter für den Druck. Dies kann korrigiert werden, indem man von Erwachsenen auch die gesprochenen Wörter aufnimmt, die vermutlich dem privaten Schreibgebrauch näher stehen, zu dem es keine Sammlung gibt.

> **beides!**

Die für die alphabetische Orientierungsliste verwendeten Wortschatzuntersuchungen sind in Kapitel 8 erläutert.

(9) Zusätzlich müssen solche Wörter aufgenommen werden, die von Kindern häufig falsch geschrieben werden. (Mit Menzel 1985, 32f.)

> **dazu Fehlerwörter**

Zwar gibt es eine beachtliche Reihe von Fehlerstatistiken; aber für die alphabetische Orientierungsliste sind nur zwei Untersuchungen verwendbar, weil sie die falsch geschriebenen Wörter auflisten. (Balhorn u.a. 1984; Menzel 1985)

wichtige Wörter

(10) Klassenbezogene Grundwortschätze können andererseits auch verstanden werden als allein für EINE Klasse bestimmt, vgl. (7), und implizieren dann einen weiteren Kritikpunkt, nämlich an der Stützung lediglich auf die HÄUFIGKEIT eines Wortes. Genauer betrachtet ist die Häufigkeit eines Wortes ein Aspekt seiner Wichtigkeit oder Bedeutsamkeit. Neben den häufigen Wörtern sind also Wörter für ein Kind wichtig, die in seinem Lebenskreis öfter verwendet werden, auch ohne allgemeinere Verbreitung. *Zeche, Zoo, Zentrum* können wichtige Wörter sein, dürfen es aber nicht für jeden sein müssen. Die Unterschiede in den Lebenswelten der Kinder und damit zusammenhängend die soziolektalen und dialektalen Divergenzen in der Sprache begrenzen einen zu sehr verallgemeinernden Ansatz.

Damit wird vor allem ein Ergebnis der Diskussion über Grundwortschätze in der Fremdsprachendidaktik aufgegriffen, die schon länger geführt wurde als in der Rechtschreibdidaktik. Die statistische Wichtigkeit eines Wortes ist in dieser Sicht nur ein Aspekt seiner allgemeinen Wichtigkeit für den Sprachlerner; das Erste kann aber nicht für das Zweite stehen. (Auch nicht umgekehrt! Kühn hat seine scharfe Polemik gegen jede Statistik [1979] später abgemildert [1984].)

Mit diesem Punkt ist übrigens die in (2) erwähnte „Verspätung" in der Lernzieldiskussion sozusagen wieder aufgeholt: Auch am Lernziel Rechtschreibsicherheit zeigen sich die Grenzen der perfekten Planung.

Individualisierung

(11) Individuelle Grundwortschätze sind eine mögliche theoretische Konsequenz aus (10). Ganz strikt betrieben, sind sie aber – außer in der Lerntherapie – methodisch heikel, weil sie soziale Lernformen einschränken können und vor allem das Unterrichtsmanagement extrem belasten. (Zur Individualisierung in der Lerntherapie vgl. Kapitel 3.3, Abschnitt (6).)

Conrady u.a. (1987) kündigten „Grundwortschätze der dritten Generation" an. Sie beabsichtigten damit, die Linie vom „amtlichen, landesweiten Rechtschreibgrundwortschatz" zum „klassenbezogenen Grundwortschatz" weiterzuführen. Etwas Entsprechendes ist aber bisher nicht erschienen.

nicht alles amtlich festlegen

(12) Aus (10) folgt die Unmöglichkeit, amtlich landesweit einen Rechtschreibgrundwortschatz Wort für Wort festzulegen. Die Lehrerin muss aber prüfen können, ob in den Rechtschreibgrundwortschatz ihrer Klasse genügend häufige Wörter kommen, um ggf. nachzusteuern.

14

Dieser additive Kompromiss trägt einerseits den Bedenken gegen zu enge Festlegungen Rechnung. Er lässt andererseits die Lehrerin nicht mit der Aufforderung allein, den Rechtschreibstoff sinnvoll zu beschränken.

(13) Die bisher skizzierte Entwicklungslinie bleibt völlig mit einem radikalen Ganzwort-Ansatz verträglich. Dieser ist, wenn auch nicht völlig unsinnig, so doch für Rechtschreibunterricht und -erwerb unzureichend:

nicht bloß den *Wortschatz* begrenzen

(13.1) Lernende bilden Verallgemeinerungen, die auch bei ungeübten Wörtern zu richtigen Schreibungen führen.

(13.2) Lernende bilden Verallgemeinerungen, die zu falschen Schreibungen führen. Diese Regelfindungsversuche gilt es aufzugreifen und sie nachzusteuern, statt sie abzuwerten.

(13.3) Die Definition von Rechtschreibsicherheit als 1000 gekonnte Wörter am Ende der Grundschule ist unzureichend: Sollen danach weitere x-tausend Wörter gelernt werden? Spätestens nach der Grundschule, am besten in ihr angebahnt, muss transferförderndes Regel-Lernen die Wörter-Schranke zu übersteigen helfen.

Der kindliche „Wille zur Regel" und die praktische Frage, was nach der Grundschule geschehen kann, haben ein Gegenstück in der einhelligen Meinung in der Orthographietheorie: Die Orthographie kann nicht allein als eine Wörterliste erfasst werden, sondern sie zeigt Regeln verschiedener Reichweite und auf verschiedenen Ebenen. (Kohrt 1987, Kap. 3: „doppelte Kodifikation".) Auffassungsunterschiede über die Regeln und ihr Gesamtgefüge (Rechtschreibprinzipien) stören diesen Grundkonsens nur wenig.

(14) Einen Rechtschreibgrundwortschatz zu beherrschen heißt also noch nicht, die Rechtschreibung zu beherrschen. Der Rechtschreibgrundwortschatz muss zugleich als Vehikel zur induktiven Regelgewinnung dienen, indem an bereits gefestigten Wörtern – von der Lehrerin angeregt oder

auch zu Rechtschreib-*Regeln* kommen

eigentätig – Verallgemeinerungen gesucht werden. Er wird so zugleich zum Modellwortschatz.

Unter „induktiver Regelgewinnung" ist ein Prozess eigentätiger/angeleiteter Regeleinsicht der Kinder gemeint, dem das Einüben folgen soll. Beides ist wichtig: eigenes Regel-Erarbeiten UND Üben. Es nicht angemessen, die alte einseitige Wort-Orientierung – nun wieder einseitig – durch REINE Regelorientierung abzulösen.

Seit der ersten Auflage dieses Buches ist die Regelorientierung vom pädagogischen Postulat zu einer vielfach begründeten und erprobten Möglichkeit geworden.

August (1989) bestätigt mit seinen Überlegungen und Untersuchungen im Wesentlichen die vorgeführte Linie. Vor allem mit orthographiesystematischen und erwerbstheoretischen Argumenten ersetzt er die Wort- durch eine Morphem-Orientierung. Dies ist hier nur weitgehend, aber nicht vollständig zu leisten, weil ein Teil der benutzten Wortschatzzählungen das nicht hergibt. Auch Augst selbst konnte nur eine deutlich schmalere Datenbasis benutzen, als sie hier zugrunde liegt. (8.880.000 Belege aus dem Mannheimer Corpus, d.h. in einer größeren als der hier verwendeten Fassung; 142.020 Wörter von 10 Viertklässlern und ebenso viele von 10 Zehntklässlern.)

Conrady u.a. (1987) kündigten als das Besondere eine „Gliederung in Kleingruppen" an, was andere als Modellwörter benannt hatten. In der vorliegenden 4. Auflage sind Modellwörter in den Umkehrlisten (Kapitel 6) ausgewiesen.

Grund-*Regel*-Schatz (15) Mit dem Grundwortschatz für die Rechtschreibung muss also ein Grundregelschatz verknüpft werden. Seine Progression muss einerseits auf die Reichweite der Regeln (wenige oder viele Ausnahmen?), andererseits auf ihre Fasslichkeit für die Lernaltersstufen abgestellt werden. Zum Beispiel: Einerseits gehören die *dt*-Wörter oder eine systematische Fremdwort-Behandlung nicht in die Grundschule. Andererseits lassen sich als Nomen-Großschreibung in der Grundschule nur Namen, Satzanfänge und Konkreta sichern, aber nicht Abstrakta. (Vgl. Kapitel 6.4.)

Die Reichweite der Regeln kann nicht durch eine Zählung im Lexikon ermittelt werden, sondern muss sich auf die Häufigkeit der Regelverwendung in Texten stützen, um die Wahrscheinlichkeit des Auftretens anzunähern und damit den Gebrauchsnutzen beim Schreiben. Dies ist eine Analogie zur Worthäufigkeit in Grundwortschätzen.

Für die Frage der Zugänglichkeit auf verschiedenen Altersstufen gibt es verbreitete Annahmen. Sie lassen sich z.T. aus den Fehlerstatistiken untermauern.

Regel-Reichweiten: „Regelungen" (16) Der Begriff von Regel ist möglichst umfassend zu definieren: Damit man ihre Reichweite festmachen kann, müssen auch quantitative Regeln berücksichtigt werden (das sind Trends ohne 100-prozentige, aber hohe Geltung). Ebenso muss jegliches latentes und verfügbares Sprachwissen der Schüler aufgenommen werden.

Um beiden Erweiterungen des Regelbegriffs Nachdruck zu geben, wird hier von „Regelungen" gesprochen.

Zur didaktischen Konkretisierung des quantitativen Aspekts von Regelungen vgl. Kapitel 3.2 in Abschnitt (8).

Zum Sprachwissen gehören Kenntnisse bzw. die Fähigkeit zur Handhabung von Lautklassen, Lautfolgen, Bedeutungsähnlichkeit und -verschiedenheit u.a.m. – Morpheme sind zwar als Regel-Elemente angemessen, sollten aber im Orientierungswortschatz in der gewohnten Grundform und im Zusammenhang als Wortfamilien angeboten werden; zusätzlich ggf. fehlerträchtige Wortformen und Nebenstämme von Verben, soweit sie Rechtschreibtücken enthalten, also *sehen* und *sieht*, *kommen* und *kamen*. (Vgl. auch oben zu (14).)

16

Der Orientierungswortschatz bietet eine doppelte Orientierung:

Orientierung in zwei Richtungen

- Von den Wörtern zu den Rechtschreibregelungen, denen sie folgen (in Kapitel 5). Damit kann man wichtige Wörter zum Üben finden oder ganze Grundwortschätze entwickeln.

- Und von den Regelungen zu den Wörtern, die ihnen in der Schreibung folgen (in Kapitel 6). Damit lässt sich – über Modellwörter – der Grund-Schatz der Regelungen erarbeiten.

Die Ermutigung (für Schüler und Lehrerin) stützt sich dabei nicht allein auf die überschaubar gewordene Wörtermenge – und natürlich auf ermutigende Unterrichtsformen. Sie fußt auch auf dem Durchschauen der Ordnung in Wortverwandtschaft und Regelungen.

Ermutigung durch Begrenzung *und* Ordnung

3. Aus der Praxis

Drei erfahrene Fachkräfte und Autorinnen berichten aus ihrer Praxis – in Grundschule, Hauptschule und außerschulischer Lerntherapie – über verschiedene Möglichkeiten, mit Grundwortschätzen und in grundwortschatzorientierter Arbeit das Erlernen der Rechtschreibung zu unterstützen. Sie beziehen sich dabei sowohl auf ältere Grundwortschatzkonzeptionen als auch auf frühere Auflagen dieses Orientierungswortschatzes.

3.1 Grundschule – ein Erfahrungsbericht
von Ingrid Niedersteberg

Wie kann man die Wörterlisten im Unterricht nutzen?

Im Sprachunterricht mit Kindern eines dritten und vierten Schuljahres habe ich zwei Jahre lang mit der Liste häufiger Rechtschreibwörter von C.L. Naumann gearbeitet. (Anmerkung: Mit einer Vorfassung der 1. Auflage – C.L.N.)

Als ich die Lerngruppe im dritten Schuljahr im Fach Sprache übernahm, hatten die Kinder bisher noch nicht mit einem Grundwortschatz gearbeitet. In einem Gespräch mit der Klasse habe ich dann den Kindern erklärt, dass wir von jetzt an unsere Rechtschreibwörter sammeln wollen und welche Möglichkeiten es dazu gibt. Die Kinder bevorzugten ein Ringbuch, in das sie die bisher gesicherten Wörter und die weiteren eintragen wollten. Es sollte ABC-RINGBUCH heißen.

Das Ziel dieser Arbeit besprach ich mit den Kindern und den Eltern. Die Wörter in unserem ABC-Ringbuch wollten wir durch ständige Übung und Wiederholung sicher schreiben lernen. Diese Wörter sollten als Grundlage zur Überprüfung von Leistungen im Bereich Rechtschreiben dienen, da die quantitative Begrenzung Chancen zu einem überschaubaren Lernen bietet. Den Kindern sagte ich, dass wir bis zum Ende des vierten Schuljahres 1000 Wörter in unserem ABC-Ringbuch sammeln wollten. Diese Zahl erschien anfangs enorm. „EINTAU-

SEND WÖRTER", meinte Mark skeptisch, „und die sollen alle nach dem ABC geordnet sein?"

Für mich stellte sich die Frage: Welche Wörter, die die Kinder in den vergangenen beiden Schuljahren gelernt haben, tragen wir als erste ein?

Ich benötigte zunächst einen GROBEN ÜBERBLICK über Sicherheit und Unsicherheiten der Kinder im Rechtschreiben. Da viele von ihren Ferien erzählen wollten, beschlossen wir, ein kleines Geschichtenbuch über die Sommerferien zu schreiben und mit Fotos oder gemalten Bildern zu illustrieren.

Die Entwurfsfassungen der Geschichten ließen erkennen, wo ich ansetzen musste. Vor allem die „kleinen Wörter" wie *als*, *der*, *die*, *das*, *ein*, *und*, *oder* ... mussten zunächst für unseren klassenbezogenen Grundwortschatz berücksichtigt werden. Danach haben wir dann einige wichtige und häufige Wörter aus dem Themenfeld Ferien aufgenommen.

Für die Kinder und mich war es dabei wichtig, uns über die einzelnen Wörter und über die Arbeit zu unterhalten und zu verständigen, z.B.:

- Gebrauchst du das Wort *die* häufig?
- Welche Schwierigkeiten hast du mit dem Wort *Ferien*?
- Wie können wir die einzelnen Wörter üben, sodass es Spaß macht?
- Wie kontrollierst du die Wörter, die du in das ABC-Ringbuch eingetragen hast?

In der folgenden Zeit schrieben wir KONTINUIERLICH unsere Lernwörter, die aus dem Unterricht erwachsen waren, ins ABC-Ringbuch und erreichten am Ende des vierten Schuljahres, was wir uns vorgenommen hatten.

19

So sah z.B. bei Michael die erste Seite seines ABC-Ringbuches aus:

A	a
der Abend	aber
der Anfang	allein
die Angst	als
die Antwort	also
die Arbeit	alt
der Arbeiter	an
der Arzt	andere / andre
die Aufgabe	arbeiten
das Auge	auch
der Augenblick	auf
der August	aus
das Auto	ankommen
der Apfel	aufgeben
der April	anfangen
die Aufregung	ähnlich
die Anzeige	angenehm
die Anzahl	anspitzen,
	sich aufregen
	antworten

Im Verlauf der Erarbeitung unseres Grundwortschatzes habe ich die Handreichung mit folgenden Schwerpunkten benutzt:

20

(1) Zur Information über Häufigkeit und Gebrauch der Wörter

Die alphabetische Liste enthält Angaben darüber, in welchen Bereichen der Sprachverwendung ein Stichwort häufig vorkommt. Diese Information war mir wichtig, da die Kinder ja vor allem solche Wörter sicher schreiben lernen sollten, die sie für sich brauchen und während der Schulzeit und darüber hinaus sehr häufig verwenden.

Bei Wörtern wie *an, aber, allein, als, also, auch, auf, aus* usw. geht man intuitiv davon aus, dass sie häufig und wichtig sind.

Für Wörter wie *Abend, alt, Anfang, Angst* ..., die die Kinder auch recht häufig gebrauchten, war es aber wichtig, die Häufigkeit und Zukunftsbedeutung mit Hilfe der alphabetischen Liste feststellen zu können. So war ich mir über die Wichtigkeit des Wortes *Arzt* nicht ganz im Klaren, vermutete aber aufgrund der Komplexität des Schriftbildes darin eine mögliche Quelle für Schreibfehler. Die Liste weist das Wort als von hohem Gebrauchswert in der mündlichen Kindersprache und deshalb von hoher Gegenwartsbedeutung und einiger Zukunftsbedeutung, nicht aber als häufigen Schreibfehler aus. Deshalb nahmen wir das Wort natürlich in unserem Grundwortschatz auf, wenn auch aus anderen Gründen, als ich zunächst vermutet hatte.

Je nach Situation schrieben wir aber auch solche Wörter ins Ringbuch, die nicht in der Liste enthalten sind, z.B.: *anspitzen* (weil wir das häufig tun und wegen des <tz>), *auf einmal* (weil diese Verbindung oft in Aufsätzen falsch geschrieben wurde).

(2) Zur Information über Fehlerhäufigkeit

Aus Erfahrung weiß man in der Regel, welche Wörter häufig falsch geschrieben werden. Beim Blick in die Liste unter der Spalte „Fehler" habe ich dennoch etwas erstaunt wahrgenommen, dass auch und gerade bei den scheinbar einfachen kurzen und häufigen Wörtern Fehler besonders häufig auftauchen.

Deshalb haben wir dann z.B. die Wörtchen *allein* und *alt* aufgenommen.

(3) Zur Information über das Problem-Profil von Wörtern

Natürlich erkennt man als erfahrener Schreiber die Laut-Buchstaben-Struktur eines Wortes, und natürlich weiß man als Lehrerin ungefähr, welche Schwierigkeiten in einem Wort stecken. Trotzdem wundert man sich immer mal wieder über orthographische Eigenheiten unserer Sprache, und man erlebt immer mal wieder seine Überraschungen. Insbesondere unsere ausländischen Kinder machen uns mit ihren Fehlern aufmerksam auf manche Schwierigkeit, die wir übersehen haben. Deshalb fand ich Wörter aufschlussreich, weil ich durch sie mehr zum „Gesicht" der Wörter erfuhr und Besonderheiten wie auch Regelmäßigkeiten bei der Schreibung erkennen konnte.

Beispiel Das Wort *Abend:* Aus den Angaben zu dem Wort *Abend* ist zu entnehmen, dass dieses Stichwort im Auslaut ein <d> enthält, das wie /t/ gesprochen wird. Schüler können sich die Schreibung erschließen, indem sie das Wort verlängern, hier also den Plural bilden. Das Wort *Abend* war eines der ersten Wörter, die wir in unser Ringbuch aufgenommen haben. Der Blick in die Liste machte mich auf folgende Fragen aufmerksam: Hatten die Schüler schon Beispiele für dies Phänomen der Auslautverhärtung im Unterricht behandelt? Machten sie Fehler in diesem Bereich? Welche anderen Wörter mit diesem Phänomen kannten sie bereits? Waren sie so weit in der aktiven Beherrschung gekommen, dass eine Einsicht in die Regelung der Auslautverhärtung angebahnt werden konnte?

Der erste Vokal des Wortes ist ein langes /a:/, das durch den einfachen Buchstaben <a> wiedergegeben wird. Hierbei handelt es sich um eine häufige Schreibung des langen Vokals /a:/. Das heißt die größere Anzahl der Wörter mit einem lang gesprochenen /a:/ wird durch den einzelnen Buchstaben <A> oder <a> repräsentiert und nicht etwa durch die Schreibung <ah> oder <aa>. Dies machte mich aufmerksam auf einige Fehlerschreibungen, die darauf hindeuten, dass einige Kinder die Schreibung <ah> für langes /a:/ offensichtlich übergeneralisierten.

Beispiel Konsonantenhäufung: Entsprechend den Aufgabenschwerpunkten für den Bereich Rechtschreiben im Lehrplan Sprache für das Land Nordrhein-Westfalen sollen die Kinder z.B. „verschiedene Konsonantenfolgen heraushören" lernen. Als Erwachsener ist einem diese Schwierigkeit vielleicht nicht bewusst, man untersucht Wörter daraufhin nicht mehr. Durch die Angaben in der Wörterliste wird man auf die Schwierigkeiten aufmerksam gemacht. So enthält z.B. das Verb *antworten* drei Konsonanten hintereinander. Auch das Nomen *Angst* enthält drei Konsonanten, von denen der erste aber durch zwei Buchstaben wiedergegeben wird, weil <ng> als einfache Abweichung von der normalen Laut-Buchstaben-Beziehung anzusehen ist, und zwar eine häufige: SG+. (Zu Kürzeln dieser Form vgl. die herausklappbare Seite am Buchende und Kapitel 4.4.)

22

(4) Zur Orientierung über Regelungen, die im „Lehrplan Sprache" als Aufgabenschwerpunkte genannt sind

Die Schüler sollen z.B. in den Klassen 3/4 „Regelungen zur Kürze von Vokalen in Wörtern erfassen, einschließlich der Sonderformen tz und ck" (Lehrplan Sprache für das Land Nordrhein-Westfalen).

Aus meinen eigenen Erfahrungen heraus muss ich sagen, dass Kinder in der Grundschule dieses Ziel sicher nur auf unterschiedlichem Niveau erreichen können, da viele noch unterstützende Hilfe brauchen, um lange und kurze Vokale heraushören zu können; z.B. durch Zeichen:

   _   unter dem Vokal für Langvokal: Abend, wir kamen

   .   unter dem Vokal für Kurzvokal: Affe, wir kommen

Wie die Wörterlisten zu den Regelungen der Vokalkürze ausweisen, sind Kurzvokale in einigen wenigen Fällen überhaupt nicht, in der Mehrzahl der Fälle durch zwei aufeinander folgende verschiedene Konsonanten und in vielen Fällen durch Verdoppelung des Buchstabens des folgenden Konsonanten gekennzeichnet. Sonderfälle sind <ck> und <tz>. Um Wörter für systematische Übungen zu finden, kann man nun in der Spalte Kurzvokale der alphabetischen Liste nach den gewünschten Beispielwörtern suchen, z.B. zum kurzen /a/ mit Doppelschreibung des folgenden Konsonanten. Viel einfacher aber ist es, die Listen zu den Regelungen der Vokalkürze durchzusehen und Wortmaterial z.B. für ein kleines Unterrichtsprojekt im Vorhinein auszuwählen (vgl. Kapitel 6, U 24, S. 139).

So haben wir im dritten Schuljahr unter dem Thema „Großes gemeinsames Frühstück am letzten Schultag vor den Osterferien" Wörter wie *Teller*, *Tasse*, *Messer*, *Löffel*, *Butter* ... bei der Vorbereitung auf das Abschlussfrühstück erarbeitet und gesammelt.

(5) Zur Orientierung über schwierige Verbformen

Zu „Verben mit rechtschreiblich schweren Nebenstämmen" findet sich in der Handreichung eine Übersicht, die mir als Orientierung für die Auswahl von Verben sehr hifreich war (Kapitel 7.2).

Mit den Kindern besprach ich im Unterricht, dass wir schwierige, unregelmäßig gebildete Verbformen jeweils unter die Grundformen in unser ABC-Ringbuch schreiben wollten, diese Verbformen zählten wir mit. Zu den Verbformen schrieben wir Personalpronomen.

Beispiel:

fahren   gehen   lesen
ich fuhr   ich ging   er liest
              ich bin gegangen   er las

(6) Zur Orientierung über Wortbausteine

Um überhaupt Bausteine bei der Bildung von Verbformen zu erkennen, führten wir das „Bausteine-Spiel" mit Wortkarten und auch im Heft durch. Es mutet vielleicht etwas formal an, macht den Kindern aber Spaß, weil sie Regelmäßigkeiten entdecken und selbstständig anwenden können.

Beispiel:

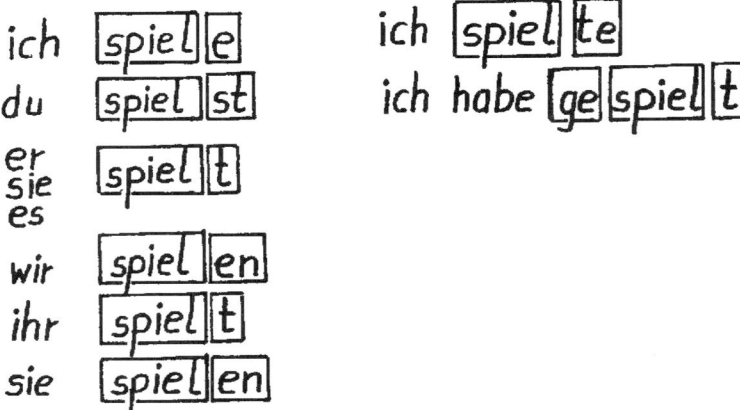

Das gleiche Verfahren wendeten wir bei den Bausteinen an, aus denen die zusammengesetzten Wörter bestehen. Hier habe ich mich an der Liste „Wortbausteine und Zusammensetzungen" orientiert (Kapitel 7.1). Dabei stellte sich allerdings die Frage: Wie viele zusammengesetzte Wörter nehmen wir in unser ABC-Ringbuch auf?

Zu dem Wortbaustein *an(-)* trugen wir z.B. in der dritten Klasse nur die folgenden ein:

ankommen
anfangen
angenehm
anspitzen
anziehen

24

Weitere Wörter mit *an-* als Vorsilbe haben wir zwar gesucht und benannt, als wir später über Vorsilben redeten, aber nicht in unseren Grundwortschatz aufgenommen, weil die Kinder dies schnell als überflüssig erkannten, wenn das Grundwort bereits im ABC-Buch stand.

(7) Ein Beispiel aus dem integrativen Sprachunterricht

Bei der Erarbeitung unseres klassenbezogenen Grundwortschatzes ging ich vor allem zwei Wege:

- Wir gewannen die Wörter aus bestimmten Lernsituationen oder Themen, die im Sprachunterricht oder fächerübergreifenden Unterricht behandelt wurden.
- Wir untersuchten die Wörter, indem wir mehr lehrgangsbezogen im Rechtschreiben vorgingen.

Beispiel Wir unterscheiden das weich gesprochene /z/ vom scharf gesprochenen /s/ (siehe auch die Umkehrlisten zu <s/ß>). Wir erkennen an bekannten und neuen Wörtern Regelungen zur Schreibung von Wörtern mit einfachem <s>.

Zu dem integrativen Ansatz von Rechtschreibunterricht möchte ich ein Beispiel aus dem vierten Schuljahr geben. In dieser Klasse unterrichtete ich nur die Fächer Sprache und Musik, arbeitete aber, so weit wie möglich, mit der Klassenlehrerin zusammen.

Es ist an unserer Schule üblich, dass wir mit den Kindern vor Weihnachten ein Theaterstück besuchen. Die Klassenlehrerin und ich stellten den Schülern Theaterstücke zur Auswahl vor. Sie entschieden sich für Pumuckl, weil sie den Kobold aus Büchern und Fernsehsendungen kannten. Diese Situation nutzten wir für den Sprachunterricht.

Die Kinder brachten verschiedene Bücher von Ellis Kaut über Pumuckl mit, gekaufte und selbst gemachte Pumuckl-Figuren, Schlüsselanhänger usw. Ich musste mich, offen gesagt, angesichts der Kommerzialisierung der Figur ein wenig überwinden, diesen ganzen Dingen unvoreingenommen entgegenzutreten.

Wir richteten eine Ecke mit den verschiedenen Dingen ein, erzählten uns, was wir über Pumuckl wussten, redeten über eine Fernsehsendung, lasen nach Wahl mit dem Partner oder allein in den verschiedenen Pumuckl-Büchern, lasen gemeinsam ein Kapitel aus dem ersten Band und spielten kleine Szenen, was uns besonderen Spaß machte.

Ein Kind informierte sich darüber, was Kobolde sind bzw. in der Vorstellung der Menschen sein sollen und was sie angeblich tun und können, und trug uns seine Ergebnisse vor.

Im Bereich „schriftlicher Sprachgebrauch", „Sprache untersuchen" und „Rechtschreiben" haben wir uns hier folgende Aufgaben gestellt:

- Wir verfassen eine Beschreibung des Kobolds für bestimmte Leser.
- Wir planen Schreibhinweise für das Verfassen der Texte.
- Wir untersuchen die Bedeutung von Adjektiven im Hinblick auf unsere Schreibabsichten.
- Wir überarbeiten bestimmte Textstellen aus unseren Beschreibungen und beachten dabei die Schreibhinweise.
- Wir wählen Adjektive für unseren Grundwortschatz aus und wiederholen bestimmte Regelungen.

Einige Kinder wollten gern von der Autorin Ellis Kaut wissen, wie sie auf den Pumuckl gekommen sei. Um die Adresse zu erfahren, schrieben sie einen Brief an den Verlag.

Gemeinsam nahmen wir uns vor, eine Beschreibung des Koboldes Pumuckl in Form einer Suchanzeige zu verfassen.

„Kobold gesucht" sollte die Überschrift lauten. Unsere Texte wollten wir Kindern eines dritten Schuljahres geben, die ebenfalls in die Theateraufführung gingen. Ein Kind hatte außerdem die Idee, draußen in Schulflur Texte auszuhängen. Die Leser sollten erraten, wer der Gemeinte sei, und dann die Lösung auf ein leeres Blatt schreiben.

Beim Planen der Texte stellten wir fest, dass wir unbedingt passende Adjektive für die Beschreibung des Koboldes brauchten. Die Funktion dieser Wortart vertieften wir im Hinblick auf unsere konkreten Schreibabsichten. In unserem ABC-Ringbuch schauten wir nach, welche Adjektive wir schon gesammelt hatten. Für die präzise Beschreibung des Koboldes suchten wir in Gruppen weitere, nicht so häufig gebrauchte Adjektive und hielten sie als Rechtschreibhilfen fest.

In einer Kleingruppe im Förderunterricht entwickelten wir Schreibhinweise für das Verfassen unserer Texte. Wir stellten den Mitschülern die gefundenen Schreibhinweise vor, besprachen und ergänzten sie. Sie dienten uns als Hilfe für das Aufschreiben sowie die spätere Überarbeitung der Texte.

In einem weiteren Unterrichtsabschnitt lasen und besprachen wir die Entwürfe, überarbeiteten sie und schrieben sie für die Leser noch einmal ab. Die fertigen Produkte klebten wir auf rotes Tonpapier.

26

Wir waren gespannt, wie die Leser reagieren würden, und waren froh, dass viele den gesuchten Namen des Koboldes fanden.

Kobold gesucht!

Für die _Beschreibung_ des Koboldes haben wir Schreibhinweise gesammelt.

① Wie sieht er aus?

Ich beschreibe genau den Kopf,
das Gesicht,
die Kleidung,
die Füße und vielleicht
die Hände.

② Wie groß ist er ungefähr?

③ Welche Eigenschaften hat er?
Wie ist sein Charakter?

④ Ich suche nach treffenden Adjektiven, um den gesuchten Kobold zu beschreiben.
Der Leser soll sich den Kobold _genau_ vorstellen können.

Diese Wörter kannst du vielleicht gebrauchen:

Adjektive			Nomen
klein	struppig	flink	die Knubbelnase
groß	wüst	schnell	die Kartoffelnase
dick	wild	geschwätzig	die Schneidezähne
dünn	rot	unruhig	die Augenbrauen
kurz	gelb	nörgelig	der Pullover
lang	grün	einfallsreich	der Pulli
lieb	blau		der Bauchnabel
frech	weiß		der Unsinn
lieblich	schwarz		
hoch	schwarzweiß		
rund			

27

Kobold gesucht!

So sieht er aus: Er hat einen großen, runden, roten Wuschelkopf. und mitten im Gesicht prangt eine rote Knubbelnase, die er sehr lieb hat. Außerdem hat er schöne, dunkelblaue Augen, die sehr glitzern, wenn er eine Idee hat, und er hat sehr viele Ideen, also glitzern seine Augen rund um die Uhr. Und noch etwas! Seine Knubbelnase,

die er so lieb hat, ist mit vielen kleinen Sommersprossen gesprenkelt. Der Kobold hat einen sehr großen Mund im Verhältnis zu seinem Kopf. Es ragen zwei riesige Hasenzähne aus seinem Mund. Er hat fast immer rote Backen, aber wenn ihm kalt wird, färben sie sich grün. So, nun zu seiner Kleidung! Er hat meistens einen gelben Pulli an, der ihm ein wenig zu kurz ist. Unten aus dem Pulli ragt ein großer Bauchnabel heraus. Er hat außerdem noch eine grüne Hose an. Seine Hände sind sehr klein im Gegensatz zu seinen Füßen, die groß aus seiner Hose schauen. Und nun zu seinem Charakter: Er ist meistens sehr frech und will alles haben, was er sieht. Also im kurzen Satz, man hat es sehr schwer mit ihm.

ENDE

Im Rechtschreiben führten wir die Arbeit fort, indem wir weitere häufig verwendete Adjektive auf bestimmte Regelungen hin untersuchten, z.B.

- Verdopplung von Konsonanten bei *billig, bitter, doppelt, dünn, dumm, ...*
- Endung *-lich* bei *ähnlich, erforderlich, freundlich, ...*
- Adjektive mit der Endung *-ig*, Verlängern dieser Adjektive, z.B. *ähnliche Gesichter, die billige Butter,*

und sie dann in unser Ringbuch eintrugen.

28

Hierzu wählte ich aus der alphabetischen Liste Adjektive für unseren klassenbezogenen Grundwortschatz aus. Ich stellte sie den Kindern vor, und wir besprachen, welche Adjektive aus unseren Beschreibungen wir hinzufügen wollten.

Die Übung der Wörter in situativen Zusammenhängen und nach bestimmten Regelungen dauerte rund drei Wochen. So sah die alphabetisch geordnete Liste mit den Adjektiven aus:

Ich bin ein lieber, kleiner, kluger, freundlicher, fröhlicher, guter, netter, schlauer, wuscheliger Adjektiv-Wuschel.

ähnlich	falsch
angenehm	fern
	freundlich
bequem	furchtbar
besser	
beste, am besten	gelb
billig	glatt
bitter	grau
bloß	
böse	häufig
	hart
	heiß
dicht	hell
dick	hoch
doll	höher, am höchsten
doppelt	hübsch
dünn	
dumm	interessant
dunkel	
	kaputt
	klug
eng	kurz
erforderlich	
ernst	leer
	lieb
	lose

29

3.2 Hauptschule - Schreiben üben mit dem Rechtschreibwortschatz
von Hildegard Weiden

Seit Jahren ist das Klagen über die schlechte Rechtschreibleistung von Schulabgängern nicht verstummt. Universitäten und Arbeitgeber sehen die Verantwortung dafür bei den weiterführenden Schulen, diese wiederum treten den schwarzen Peter an die Grundschulen ab. Auf dieses Dilemma reagierte man z.B. in Nordrhein-Westfalen mit der Verpflichtung zur Arbeit mit einem Grundwortschatz (GWS) an Grundschulen und zum Umgang mit einem Rechtschreibwortschatz (RWS) an weiterführenden Schulen. Da die Grundschule keine „fertigen", sicheren Rechtschreiber entlassen, sondern Regelungen nur anbahnen kann, müssen alle weiterführenden Schulen mit ihren Schülern im 5./6. Schuljahr die angegangenen Ziele der Grundschule weiterverfolgen und sichern. Dies bedeutet: Sie wiederholen und üben u.a. Regelungen, die auf die Laut-Buchstaben-Beziehung abzielen.

(1) Überprüfen des lautgetreuen Schreibens

Es gibt nicht wenige Schüler, die im 5. Schuljahr bei Diktaten und Rechtschreibtests völlig versagen. Analysiert man ihre Fehler, so findet sich die gesamte Bandbreite von Fehlermöglichkeiten, von Verstößen gegen Regelungen bis zum Vertauschen, Hinzufügen oder Auslassen von Buchstaben. Die zuletzt genannten Schwierigkeiten reichen bis in den Leselernprozess zurück. Weil im Allgemeinen in den weiterführenden Schulen diese Fehler in ihrer Schwere nicht erkannt werden, misst man ihnen keine Bedeutung bei; sie werden oft als Flüchtigkeitsfehler abgetan. Wer aber nicht gelernt hat, lautgetreu zu schreiben, das heißt, dem gehörten Laut den entsprechenden Buchstaben zuzuordnen, dem fehlt das Fundament, um darauf angewendetes Regelwissen zu bauen. Daraus ergibt sich für die weiterführenden Schulen die Notwendigkeit, schwache Rechtschreiber auf dieses Ziel hin zu überprüfen. Verwendet man zur Überprüfung die Bilderleisten des Kieler Leseaufbaus (Dummer/Hackethal 1988), so geben darin auftretende Fehler Auskunft darüber, welche Buchstaben evtl. ersetzt, hinzugefügt, ausgelassen, vertauscht werden. Auch nicht gekonnte Ableitung wird dort im Ansatz sichtbar.

(2) Überprüfen der Buchstabenkenntnis

Des Weiteren erfährt man bei der Durchführung eines Buchstabentests detailliert, ob der Schüler überhaupt das vollständige Rüstzeug zum Schreiben mitbringt. Unvollständige Buchstabenkenntnis schlägt sich in schlechter Rechtschreibleistung nieder.

Der Buchstabentest wird auf folgende Weise durchgeführt: Dem Kind wird ein Buchstabenblatt vorgelegt. Hier ist zwischen Schreib- und Druckschrift, kleinen und großen Buchstaben unterschieden. Die Buchstaben dürfen nicht in alphabetischer Reihenfolge vorgegeben sein, sondern es ist darauf zu achten, dass visuell ähnliche Buchstaben und akustisch ähnliche Laute nebeneinander stehen. Auch Buchstabenverbindungen wie <sch>, <ch>, <st>, <sp> gehören dazu. Das Kind wird aufgefordert, die Buchstaben nacheinander zu zeigen und lautlich zu benennen. Parallel dazu liest der Tester auf einem Auswertungsbogen mit. Wenn der Schüler einen falschen Buchstaben nennt, trägt der Tester diesen in ein dafür vorgesehenes Kästchen ein. Nennt das Kind den Buchstaben fragend oder mit Verzögerung, dann notiert er u. = unsicher; wird der Buchstabe nicht genannt, so erfolgt ein Strich. Die Zählung ergibt die Anzahl der Buchstaben, die der Schüler für das Lesen nicht genügend automatisiert hat; das Lesen wird dadurch erschwert.

Danach soll das Kind Buchstaben aus der Vorstellung aufschreiben. Dabei dürfen keine Buchstaben in seinem Blickfeld liegen. Der Tester diktiert nacheinander in der gleichen Abfolge wie die vorher gelesenen Buchstaben. Das Kind schreibt sie nacheinander in großen und kleinen Buchstaben auf, zuerst alle genannten Kleinbuchstaben, danach die Großbuchstaben. Notiert wird wie beim Lesen: Buchstaben, die durch andere ersetzt werden, Unsicherheiten, Auslassen des Buchstabens. Die Buchstaben werden nur je einmal diktiert und geschrieben: Klein- und Großbuchstaben. Das Kind schreibt sie in seiner Schrift auf.[1]

Es ist dabei wichtig, einen strengen Maßstab anzulegen. In diesem Fall gilt: zu UNGUNSTEN des Klienten, denn Unsicherheiten führen leicht zu Fehlern. Nur einer bekannten Unsicherheit oder Unkenntnis kann man durch Maßnahmen begegnen.

Die Zählung dieser Notierung gibt Auskunft darüber, wie viele und welche Buchstaben nicht immer präsent sind. Vergleicht man Lese- und Schreibleistungen bei schwachen Rechtschreibern, so fällt stets die Diskrepanz auf: Es werden in der Regel mehr Buchstaben gelesen, als aus der Vorstellung aufgeschrieben

---

1 Ein solcher Buchstabentest wurde in den sechziger Jahren von Anselm/Schmiedeberg in Köln entwickelt.

31

werden können. Dies erklärt, warum schwache Rechtschreiber bessere Leser sein können. Beim Lesen helfen Hypothesenbildung und Kontext; für das Aufschreiben gibt es solche Stützen nicht.

(3) Einüben einer Lautgebärdensprache

Hat man erkannt, welche Schüler im Rahmen der Laut-Buchstaben-Beziehung oder im Schreibaufbau von Wörtern Mängel aufweisen, so gilt es, diesen mit geeigneten Maßnahmen zu begegnen. Es hat sich als hilfreich erwiesen, durch eine Lautgebärdensprache – für die Schüler eine Art Geheimsprache – Lesen und Schreiben miteinander zu verbinden (Weiden 1989, S. 40f.).

Durch die Umsetzung des gedachten Wortes in Handzeichen wird der Wortaufbau verzögert. Dies ist auch für hastig arbeitende Kinder günstig.

Bei der Analyse von Fehlern fällt neben Verstößen gegen den Wortaufbau vor allem die Verwechslung von Buchstaben auf: *Wurst* wird zu *Worst*, *zwischen* zu *zwüschen*, *beginnen* zu *biginnen*. Die Vokale scheinen austauschbar zu sein. Dies liegt einmal an der teils optischen Ähnlichkeit, auch an schlechter Handschrift, die der Lehrerin überlässt, was sie daraus lesen möchte. Zum anderen spielt die Artikulation von Lauten eine wichtige Rolle. Kinder schreiben häufig so, wie sie sprechen. Solange sie noch keine Schreibstrategie entwickelt haben, bleibt als Möglichkeit nur das Abhören der eigenen Aussprache. Dann führt falsches Sprechen zu einer individuellen Schreibung. Diese lässt sich zu lautgetreuem Schreiben hinführen, wenn das Kind erfährt, evtl. im Spiegel sieht, abtastet, mit Handzeichen den Laut/Buchstaben unterstützend, dass jeder Laut eine eigene Lippenbzw. Mundstellung erfordert. Die wenigsten Schüler verwechseln die Buchstaben nicht bloß, weil sie nicht differenziert hören können, sondern auch, weil sie die Unterschiede nicht artikulieren (vgl. Naumann 1997).

(4) Wichtigkeit der Vokale

Um Schüler auf die Vokale aufmerksam zu machen, verwende ich ein Symbol, den König. Die Vokale sind in unseren Wörtern dominierend. Selbstverständlich lässt sich auch jedes andere Symbol verwenden.

32

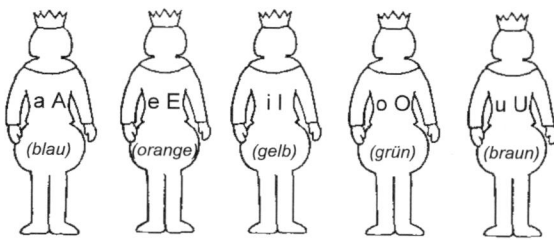

a A (blau) e E (orange) i I (gelb) o O (grün) u U (braun)

Die Könige werden von jedem Kind in gleicher Weise ausgemalt. Die Lehrerin oder ein Gruppenmitglied nennt ein Wort, die Schüler nehmen für die gehörten Vokale die entsprechenden Könige in der vorkommenden Reihenfolge in die Hand, z.B. Giraffe: „Zuerst höre ich i, dann a, dann e." Mit einem Blick lässt sich aufgrund der gleichen Farbgebung der Könige bei allen die Richtigkeit überprüfen. Wer die Abfolge der Vokale im Wort richtig hört, hat eine wesentliche Hilfe beim Aufschreiben; die Vokale strukturieren das Wort bereits vor.

(5) Aufbau eines RWS

Parallel zu diesen Möglichkeiten, die zu Beginn des 5. Schuljahres sowohl den Rechtschreibstand der Schüler ermitteln helfen als auch bestimmte rechtschriftliche Schwierigkeiten angehen, wird mit allen Schülern ein RWS aufgebaut. Der Wortbestand wird überwiegend dem integrativ durchgeführten Deutschunterricht entnommen. Diese Wörter sollen zu den verwendungshäufigsten in der Erwachsenenschriftsprache gehören. Sie sollen für die Schüler Gegenwarts- und Zukunftsbedeutung haben. Außerdem sollen sie – soweit es die Laut-Buchstaben-Beziehung betrifft – alle vorkommenden Phonemverbindungen enthalten, also repräsentativ für die Regelungen und Ausnahmen unserer Rechtschreibung sein, damit sie als Modellwörter Transferlernen ermöglichen.

(6) Die Wörterkiste

Das Sammeln der Wörter des RWS lässt sich in Listen, Heften und dgl. vornehmen. Sinnvoller ist eine Unterbringung in einer Kiste, weil man damit hantieren, sie unter verschiedenen Gesichtspunkten ordnen kann. Man spart Zeit, wenn man eine Kiste verwendet, die auf Karteikartengröße Din A7 gearbeitet ist. Kartonagenfabriken fertigen sie nach Maß für wenig Geld an.

33

Die Schüler schreiben jeweils ein Wort in Druckschrift auf eine Karteikarte, auf die Rückseite ihren Namen. Da der Artikel veränderbar ist, wird er nicht auf die Karte gesetzt; die richtige Artikelzuordnung erfordert eigene Übungen. Für die verschiedenen Wortarten gibt es auch farblich keine unterschiedlichen Karten. Zunächst sollte man alle wichtigen Wörter, also auch Funktionswörter wie *ab*, *an*, *bin*, *bis* ..., alphabetisch sortiert (nur nach dem ersten Buchstaben) hinter entsprechende Buchstabenreiter in die Wörterkiste aufnehmen. Die Sammlung eignet sich von Beginn an zum Üben. Man kann sich die Wörter gegenseitig diktieren; in Partnerarbeit zieht ein Schüler ein beliebiges Wort heraus, lautiert es, der andere sucht es in seiner Kiste. Es lassen sich Arbeitsblätter füreinander erstellen. Der Schreiber lässt die Vokale in einer vorgegebenen Anzahl von Wörtern aus. Der Mitschüler füllt die Lücken (evtl. mit Hilfe der Könige). Die Kontrolle kann nun mit der Wörterkiste vom Verfasser vorgenommen werden. Weitere Übungen finden Sie im Verlauf dieses Kapitels.

Sammelt man stetig Wörter, die aus dem Unterricht erwachsen, so beinhaltet die Wörterkiste nach einiger Zeit alle rechtschriftlichen Schwierigkeiten im Laut-Buchstaben-Bereich. Die Verteilung von regelgerecht geschriebenen Wörtern und Ausnahmen davon spiegelt im Ansatz die gegebene Häufigkeit wider. Dies ermöglicht, wortbezogen und an Regeln orientiert Rechtschreiben zu lehren und zu üben, z.B. der Einsicht Rechnung zu tragen, dass in etwa 80 bis weit über 90 Prozent der Fälle das lange /a/, /e/, /o/, /u/ als einfacher Vokalbuchstabe wiedergegeben wird, während man das lange /i/ zu fast 80 Prozent als <ie> schreibt.

Vergleicht man die verschiedenen wortbezogenen Regelungen mit den Rechtschreibleistungen vieler Schüler, so stellt man in diesem Bereich – neben der Groß- und Kleinschreibung – eine häufige Fehlerquelle fest. Verdopplungen und Dehnungen werden an den falschen Stellen vorgenommen, innerhalb eines Textes gleiche Wörter mit unterschiedlicher Schreibweise ausprobiert, was große Unsicherheit signalisiert.

(7) Unterscheiden von Länge und Kürze der Vokale

Neben dem Sammeln und dem Umgang mit den Wörtern ist es wichtig, den Schülern den Unterschied zwischen lang und kurz zu vermitteln. Sie verwechseln *in* und *ihn*, weil sie die Zuordnung lang und kurz nicht vornehmen können. Das Heraushören beider macht sie unabhängig von der Speicherung vieler Wörter, weil sie sich dann mit Hilfe von Regelwissen die Schreibweise erarbeiten können. Ein gut dehnbares Gummiband lässt Länge und Kürze eines Vokals erfahrbar werden. Jedes Kind erhält ein Gummi und spricht während des Ausein-

34

anderziehens das Wort. Dabei wird der Wortteil mit dem zu überprüfenden Vokal so lange angehalten, wie es die Dehnungsfähigkeit zulässt. Erst dann wird der Rest des Wortes gesprochen: Schu......le. Das Gummi wird in seiner größten Ausdehnung festgehalten. Nun wird die Aufforderung gegeben, das Gummi flitschen zu lassen und dabei das Wort so schnell zu sprechen, dass man das gesprochene Wort beendet, wenn das Gummi sich zusammengezogen hat. Dies entspricht der Sprechweise „Schulle". Das Wort *Schule* muss also lang gesprochen werden. Das gedehnte Gummi entspricht der Länge, das nicht gedehnte der Kürze des Vokals. Häufige Übungen ermöglichen allen Schülern die Entwicklung eines Gespürs dafür, während das Klatschen eines Wortes oder Dazu-Gehen bei Wörtern mit Verdopplung nur solchen Kindern gelingt, die die Schreibweise kennen, Übung also nicht benötigen. Beim Training ist es wichtig, stets mit der Überprüfung der Länge zu beginnen.

(8) Der Ausnahmekasten „lang gesprochene Vokale"

Hat man eine Zeit lang Wörter im RWS gesammelt, so lassen sich Regelungen und ihre Ausnahmen durch Ordnen und Sortieren sichtbar machen. Die Schüler nehmen alle Wörter, in denen ein /a/ gesprochen wird, aus der Wörterkiste heraus. Damit entfallen ai-Wörter. In Partnerarbeit überprüfen sie diese mit dem Gummi auf Länge und Kürze. Alle kurz gesprochenen Wörter werden in die alphabetische Wörterkiste zurückgeordnet. Es genügt die Aufforderung, sich die Sammlung der verbleibenden Wörter mit langem /a:/ genau anzuschauen, um drei verschiedene Gruppen zu erkennen: <a>-Wörter, <ah>-Wörter, <aa>-Wörter. Die Menge der <a>-Wörter signalisiert den Schülern die Regel: Nach einem langen betonten /a:/ steht ein Konsonantenbuchstabe. Weil dies bei 88% der Wörter mit lang gesprochenem Vokal zutrifft, ist dies die Regelung. Diese Wörter müssen nicht geübt werden, wenn das Kind lautgetreu schreiben kann. Sie werden daher in die Wörterkiste zurücksortiert. <Ah>- und <aa>-Wörter sind Ausnahmen von dieser Regelung. Sie lassen sich durch keine rechtschreibliche Hilfe erarbeiten; man muss ihre Schreibweise wissen. Für diese und weitere Ausnahmewörter führt jedes Kind nun einen kleineren Kasten, den sog. Ausnahmekasten. Die ermittelten Ausnahmen finden hinter ihrem entsprechenden Buchstabenreiter in diesem Ausnahmekasten Platz. Wenn die Regelung bekannt ist, bedürfen nur noch die Ausnahmen des intensiven Trainings. In Zukunft werden gefundene weitere Ausnahmen hinzugefügt und damit ins Training aufgenommen; <äh>-Wörter werden unter <ah> mitgeführt.

35

Nach demselben Verfahren, nämlich

- durch Herausholen der Wörter aus der Wörterkiste,
- durch Überprüfen auf Länge und Kürze des Vokals,
- durch Einteilen anhand der optisch erkennbaren Unterschiede,
- durch Bewusstmachen der Regelung (das ist jeweils der höchste Stapel),

werden die Ausnahmen <eh-ee>, <oh/öh-oo>, <uh/üh> festgemacht und wandern hinter den jeweiligen Buchstabenreiter in den Ausnahmekasten. Statt der großen Zahl der Wörter mit langem Vokal muss man nur die Ausnahmen davon üben. Auf diese Weise reduziert sich das Übungsmaß erheblich. Man setzt weniger Zeit bei größerem Erfolg ein. Zusätzlich sollte man die Anweisung geben: „Du schreibst nur dann ein Wort mit <h>, wenn du genau weißt, dass es im Ausnahmekasten steht." (S. U 18, S. 133.) Die Chance, ohne <h> die richtige Schreibweise getroffen zu haben, ist um ein Mehrfaches größer.

Weitere Ausnahmen in Wörtern mit Langvokal sind solche mit Vokalverdopplung (s. U 17, S. 132).

Das lang gesprochene /i:/ wird durch vier verschiedene Schreibmöglichkeiten wiedergegeben: <ie>, nur <i>, <ih>, <ieh>. Geläufige Fremdwörter enthalten stattdessen <y>. Nach dem beschriebenen Verfahren werden alle mit /i/ gesprochenen Wörter aus der Wörterkiste genommen (dadurch entfallen ei-Wörter) und auf Länge und Kürze hin mit dem Gummi überprüft. Die lang gespochenen werden von den Schülern ihrer Schreibweise entsprechend eingeteilt. Dabei wird sichtbar, dass die meisten mit <ie> geschrieben werden. Dies ist also die Regelung (78% der Wörter). Es gibt aber auch lang gesprochene i-Wörter, die nur <i> enthalten. Sie sind Ausnahmen, von denen jede einzelne geübt werden muss. Nur drei Ausnahmen werden mit <ih> geschrieben: *ihm, ihn, ihr* (und die davon abgeleiteten), nur acht Wörter mit <ieh>: *sieht, flieht, zieht, geschieht* (nicht in der Alphabetischen Orientierungsliste: *befiehlt, stiehlt, geliehen, Vieh*). Die Ausnahmewörter mit nur <i>, <ih>, <ieh> werden in den Ausnahmekasten sortiert (s. U 15, S. 131). Diese müssen vielfältig geübt werden, damit ihre Schreibweise automatisiert wird. Regelgerechte <ie>-Wörter dagegen bedürfen keiner Übung.

Die gesamten Wörter können auch Ausgangspunkt sein, um die Schreibweise nach kurz gesprochenen Vokalen zu betrachten. Dazu sortiert man alle noch verbliebenen Wörter mit /i, e, a, o, u/ jeweils aus der Wörterkiste heraus und unterscheidet sie nach der Länge/Kürze ihrer Vokale. Bei genauerem Betrachten der kurz gesprochenen Wörter finden die Schüler heraus, dass auf einen kurzen Vokal häufig zwei Konsonanten folgen, z.B. *Bild, Wand, Geld, Wort, Hund*. Diese Wörter werden normgerecht geschrieben. Sie zeigen hinsichtlich der Kürze des Vokals keine Besonderheiten und bedürfen daher keiner intensiven Übung.

36

(9) Kurz gesprochene Vokale

Bei einigen Wörtern fällt die Dopplung der Konsonanten auf: *bitte*, *Schatten*, *Wette*, *Lotto*, *Schutt* ... Die Schüler merken sehr schnell, dass mit der Dopplung kein neuer Aspekt ins Spiel gebracht wird, sondern dass durch sie die bekannte Regelung erfüllt wird: Nach einem kurz gesprochenen Vokal folgen mindestens zwei Konsonanten. Wörter mit kurz gesprochenem Vokal müssen also nicht eigens geübt werden, wenn die Schüler die Grundvoraussetzung, das Unterscheiden von lang und kurz, als Entscheidungshilfe einsetzen können. Dass dann ein oder mindestens zwei Konsonanten (Nichtvokale) geschrieben werden, behalten sie und wenden dieses Wissen auch richtig an.

Die Buchstabenfolgen <ck> und <tz> sind lediglich besondere Schreibungen für die Dopplung von <k> und <z> und stellen keine außergewöhnliche Hürde dar, weil sie stets nach kurzem Vokal Verwendung finden. Die Wörter *Pizza*, *Puzzle*, *Skizze* werden als Ausnahmen hinter dem Buchstabenreiter <zz> im Ausnahmekasten geführt. Der gut gemeinte Spruch: „Nach l, n, r, das merke ja, steht nie tz und nie ck", ist völlig überflüssig, da eine Dopplung von Konsonanten lediglich nach einem Vokal erfolgen kann.

(10) s-Laute

Neben den Folgerungen aus der Länge/Kürze der Vokale sind die verschiedenen Schreibweisen der s-Laute eine häufige Fehlerquelle:

- Hörbar stimmhaftes/weiches /z/: *Nase*. Manchmal wird es erst durch Verlängern hörbar: *Gras – Gräser*
- Dopplung des <s>: *Klasse*
- <ß> nach langem Vokal: *Fuß – Füße*
- <ß> nach einem Diphthong: *beißen*

Die Wörter mit hörbarem /z/ werden, bezogen auf den s-Laut, geschrieben wie gesprochen. Sie sind daher unproblematisch.

Die Verdopplung des s-Lautes nach einem kurzen Vokal ist normal; sie entspricht der Regelung.

Die Schreibung <ß> nach einem langen Vokal ist nicht mehr so schwer, wenn Schüler ein wenig Durchblick gewinnen. Allerdings ist auch hier Voraussetzung, dass die Länge des Vokals gehört wird. Dann kann folgerichtig keine Verdopplung geschrieben werden. Ein <s> kommt nur in Frage, wenn es als solches hörbar ist. Es bleibt demnach für die Schreibung nur <ß> übrig: *Fuß – Füße*.

Da ein Diphthong niemals kurz gesprochen werden kann, folgt auch keine Verdopplung des s-Lautes. Das Wissen darum ist für die Schüler wichtig. Sie können in keinen Entscheidungskonflikt geraten, wenn sie wissen, dass hinter <ei>, <au>, <eu>, <äu> sowie <ie> kein doppeltes <s> stehen kann (es erfolgt danach auch keine Verdopplung anderer Konsonanten). Wenn es sich nicht um einen hörbar stimmhaften s-Laut handelt, so kann nur <ß> geschrieben werden: *heißen*, *draußen*.

Betrachtet man die verschiedenen Schreibweisen der s-Laute, so kann man ihnen eine Regelhaftigkeit nicht absprechen. Sie passen sich in die hier aufgezeigte Systematik ein und sind daher durch Ordnen der Wörter aus der Wörterkiste erfahrbar zu machen.

(11) Weitere Regelungen und Ausnahmen

Ausnahmen im Konsonantenbereich stellen die v-Wörter dar. Das Schriftzeichen <v> ist lautgleich mit <f>. Beide sind Schreibweisen eines Lautes. Einen hörbaren Unterschied gibt es nicht. Beim Sortieren der <f>- und <v>-Wörter wird handelnd anschaulich, dass <f> viel häufiger geschrieben wird als <v>. Mit <v> geschriebene Wörter sind zu übende Ausnahmen, die in den Ausnahmekasten gestellt werden.

Die Vorsilben *ver-* und *vor-* werden gesondert herausgearbeitet. Dabei werden die Wörter *fertig*, *fern*, *Ferkel*, *fort* in den Ausnahmekasten gestellt. Den Schülern wird dadurch die Überlegung erspart, ob es sich um eine Vorsilbe handelt oder nicht.

Entsprechend wird mit der Vorsilbe *ent-* verfahren. Als Gegenbeispiel für diese Schreibweise werden *endlich*, *endlos* und *endgültig* als Ausnahme festgemacht. Da *ent-* die normgerechte Schreibweise ist, müssen die entsprechenden Wörter nicht geübt werden. Es bleiben nur die wenigen Ausnahmen, die von *Ende* ableitbar sind.

Die Sammlung von Ausnahmewörtern lässt sich durch <x>- und <chs>-Wörter ergänzen. Diese Buchstaben werden alle wie /ks/ gesprochen. Die Schreibweise lässt sich durch keinerlei Rechtschreibhilfen – wie Ableiten oder Verlängern – herausfinden. Die unterschiedlichen Schreibungen sind nicht begründbar. Diese Wörter lassen sich nur durch regelmäßige Übung einprägen (s. U 10, S. 128).

Ungewöhnliche Konsonantenfolgen finden wir in einigen Wörtern, die der griechischen und lateinischen Sprache entnommen sind. Sie enthalten das im Deut-

38

schen nicht übliche <th> und <rh> und lassen sich als Ausnahmewörter trainieren (in der *Alphabetischen Orientierungsliste* nur *Theater*).

Die Arbeit mit einem RWS, der solchermaßen systematisch normgerecht geschriebene Wörter von Ausnahmewörtern trennt und nur diese einübt, spart viel Übungszeit bei besserem Erfolg. Die Schüler durchschauen leichter, warum ein Wort in dieser Weise geschrieben wird. Die Eingrenzung der zu speichernden Wörter lässt Lernfortschritte überschaubar und erreichbar werden. Dabei spielt der wirklich handelnde Umgang mit den Wörtern eine wichtige Rolle.

Die beschriebene Arbeit mit dem RWS beschränkt sich auf den Erwerb, den Umgang und damit das Sichern wortbezogener Regelungen; morphologische und vor allem syntaktisch bestimmte (z.B. Großschreibung von Nomen u.a.) sowie die Silbentrennung lassen sich teilweise einbeziehen.

3.3 Grundwortschatzarbeit in der außerschulischen Lerntherapie
von Angelika Nührig

Bei der Reflexion der Arbeit mit einem Grundwortschatz stellt sich zuerst die Frage nach Möglichkeiten und Grenzen, dann die nach dem methodischen Einsatz im Rahmen der außerschulischen Lerntherapie. Grundlage sind hier die Rahmenrichtlinien für die Grundschule, Deutsch, hrsg. vom Niedersächsischen Kultusministerium. Der Grundwortschatz befindet sich dort im Anhang, S. 55 ff.

Für lese-rechtschreib-schwache Schüler ist es von Bedeutung, dass sie vor einer Überforderung – z.B. durch eine unendliche Fülle von zu erlernenden Wörtern – bewahrt werden. In seinem „Plädoyer für die Arbeit mit Grundwortschätzen" spricht Carl Ludwig Naumann von „Ermutigung durch Stoff-Beschränkung", wobei dieses Argument sowohl auf Lernende als auch auf Lehrende zutrifft (Naumann 1989b, S. 181; vgl. auch oben Kapitel 2 (3), S. 12).

Gleichzeitig gilt es, die Kinder nicht durch einen begrenzten Wortschatz zu sehr einzuengen und ihnen damit die Lust am freien, kreativen Schreiben zu nehmen. In diesem Sinne bietet ein Grundwortschatz einen Rahmen, der für Überschaubarkeit sorgt und erst einmal Sicherheit gibt.

(1) Persönlicher Sprachschatz und Motivation

Dabei sollte jedoch auch berücksichtigt werden, dass jedes Kind seinen ganz persönlichen Sprachschatz besitzt, oder, wie Naumann schreibt, „Sprache ist jeweilige Sprache, geprägt durch die Welt und Probleme des jeweiligen Kindes in seiner Umwelt" (ebd.; vgl. auch oben Kapitel 2 (10)). Das lässt die Schlussfolgerung zu, dass jeder Grundwortschatz Wörter enthält, die aus individueller Sicht des jeweiligen Kindes „unnötig" bzw. „unbrauchbar" sind. Auf der anderen Seite fehlen sicherlich Begriffe, die zum Ausdruck der Gedanken, Gefühle und Fantasien der Kinder wertvoll wären. Bei der Durchsicht eines Auszugs aus dem Grundwortschatz mit zwei Viertklässlern äußerten sie spontan: „Warum steht das Wort Buch hier? Das brauchen wir bestimmt nicht für unsere Geschichten!" Relevant waren für sie Wörter wie Dinosaurier, Gameboy oder Computer, die im vorgeschriebenen Grundwortschatz fehlen. Die Verwendung von zerbrechen lehnten sie mit der Begründung ab: „Das sagen wir nie, das heißt doch kaputtmachen." Diese wenigen Äußerungen sollen verdeutlichen, dass es sich bei der Vermittlung von Schriftsprache um eine ständige Gratwanderung handelt zwischen Akzeptanz (die Kinder ernst nehmen), Einhaltung eines gewissen schriftsprachlichen Niveaus, Schutz vor Misserfolgen, Zutrauen in die Bewältigung

40

schwieriger Wörter und dennoch Beachtung eines systematischen Sprachaufbaus. Die Akzeptanz der Kinder und das Zutrauen in ihre Leistungsfähigkeit und Flexibilität sind dabei Indizien für einen konsequent lerntherapeutischen Ansatz, der auch auf einen offenen, schülerzentrierten Unterricht zutrifft.

Entsprechend überschreibt Hans Brügelmann in seinem Buch „Kinder auf dem Weg zur Schrift" ein Kapitel bildhaft mit „Lasst hundert Blumen blühen" (1986, S. 174). Auch er konstatiert die Notwendigkeit, der Fantasie der Kinder und damit ihrem Reichtum an Wörtern und ihrer individuellen Ausdrucksweise Raum zu geben. Das ist ein entscheidendes Kriterium zur Stabilisierung der Motivation im Schreiblernprozess und ermutigt zur Kommunikation mittels geschriebener Sprache. Gerade bei der Arbeit mit lese-rechtschreib-schwachen Kindern, die häufig schon vielfältige Erfahrungen mit „zwangsverordneten", durch diverse Fehlerschwerpunkte überfrachteten und für sie sinnlosen Wörterübungen gemacht haben, hat das Ziel, ihnen wieder die Lust am Schreiben zu eröffnen, oberste Priorität.

Aus lernpsychologischer Sicht kommt sowohl Lerntherapeuten als auch den Kollegen und Kolleginnen in der Schule das Phänomen entgegen, dass Kinder das, was sie unmittelbar betrifft und beschäftigt, am besten aufnehmen und speichern können. Dabei ist es immer wieder erstaunlich – und erfreulich –, wie eifrig sich Kinder Wörter aneignen, die aus unserer Sicht aufgrund des aktuellen Lernstandes eine Überforderung bedeuten: Plötzlich wird Buchstabe für Buchstabe ein Wort wie *Gespensterschloss* in Schrift umgesetzt, wiederholt nachgefragt und verglichen. Diese Verhalten kann auch bei lern- und leistungsgestörten Kindern beobachtet werden, deren Frustrationstoleranz bezüglich ihres Umgangs mit Schriftsprache ein extrem niedriges Niveau erreicht hat. Exemplarisch kann hier angeführt werden, dass das einzige Wort, das ein 15-jähriger Sonderschüler (er beherrschte noch nicht einmal die alphabetische Strategie!) als Wortbild abgespeichert hatte und korrekt schreiben konnte, das Wort *Liebe* war – er hatte sich gerade verliebt und wollte dem Mädchen unbedingt einen Brief schreiben.

(2) Systematischer Aufbau der Schriftsprache

Natürlich müssen bei der außerschulischen Lerntherapie zunächst einmal Grundlagen für den selbstständigen Umgang mit Schriftsprache gelegt werden (Herné/Naumann 1996, S. 14, sowie Reuter-Liehr 1992 – vgl. auch unten Kapitel 6 und 7), und zwar vielfältig unter Einbeziehung aller Sinne. Zudem ist es gut, wenn die selbstständige Durchgliederung der Wörter bereits möglich ist. Doch schon auf der alphabetischen Stufe kann mit dem Training häufiger Gebrauchswörter begonnen werden, z.B. mit Wortkarten in Anlehnung an den Kieler Lese- und Rechtschreibaufbau, mit Memories, Würfelspielen, Lernspielen am Computer und zahlreichen anderen Lernspielen und Übungen. An dieser Stelle sollen nur drei Beispiele herausgegriffen werden, die visuelle Strategien fördern. Da nach dem aktuellen Stand der Wissenschaft viele lese-rechtschreib-schwache Kinder Probleme mit dem phonologischen Rekodieren haben (vgl. dazu u.a. Bee-Götsche 1990, S. 21ff., und Landerl 1996), ist neben dem gezielten Training dieser Schwäche gerade die Förderung des Zugangs über die visuelle Strategie, das heißt, über einen Sichtwortschatz, angezeigt.

Beispiel 1   **Wörtermemory**

Es wurde ein Memory mit häufig auftretenden, kurzen Gebrauchswörtern erstellt. Das heißt, die Therapeutin gab die eine Hälfte auf farbigen Pappkarten vor, die in klaren Druckbuchstaben die zu verwendenden Wörter enthielten. Die zweite Hälfte wurde von den Kindern erstellt, für die Wörter sollte eine andere Farbe gewählt werden. Abschließend kam das Spiel zum Einsatz. Handlungsorientiertes Lernen mit Spaß hat stets Priorität, jedoch nicht als Selbstzweck, sondern mit dem Ziel der Verbesserung der Schriftsprache.

Beispiel 2   **Wörterwürfelspiel**

Als Vorlage für Würfelspiele konnte z.B. die Sammlung „Differix – Würfelspiele zur Rechtschreib- und Sprachübung" (Verlag Cornelsen, Velhagen und Klasing) dienen, die Gestaltung erfolgte wiederum gemeinsam mit den Kindern. Bei diesem Spiel gibt es jedes Wort zweimal auf dem Feld, das heißt, die Spielfigur wird gemäß der gewürfelten Augen gesetzt, das Wort wird gelesen, und dasselbe Wort wird auf dem Spielfeld an anderer Stelle aufgesucht. Dadurch wird das Ziel erst nach vielen Vorwärts- und Rückwärtswegen erreicht. Besonders stolz waren die Kinder, als sie bemerkten, dass auch andere Kinder das von ihnen erstellte Spiel benutzen und dabei etwas lernen würden. Auf diese Weise wird durch die Arbeit mit Schriftsprache ein Beitrag zur Stärkung des Selbstwertgefühls geleistet.

Beispiel 3   **Computerlernspiele**

Auch Computerprogramme wie „Lalipur" (Comles-Familie) geben die Möglichkeit, entsprechendes Material aus dem Grundwortschatz zu ergänzen und die Kinder mit dem ohnehin motivierenden Medium Computer trainieren zu lassen. Hier gelingt es ihnen, tachistokopisch dargebotene Wörter richtig zu schreiben – falsche Buchstaben werden nicht akzeptiert –, durch fünf Punkte jeweils eine Tür zu öffnen und so zu Lalipur in die Schatzkammer zu gelangen. Sie erhalten abschließend eine Erfolgsmeldung und ein Protokoll mit den ausnahmslos korrekten Ergebnissen.

Andere Übungsformen bieten die Lernspielprogramme des *Aachener Rechtschreib-Labors* (ARELA). Diese Programme bieten den Kindern die Möglichkeit, einen ausgewählten Teilbereich der Rechtschreibung (z.B. lang gesprochenes /i:/ als <ie>) in Form eines Eigendiktats am Computer zu bearbeiten und anschließend spielerisch weiter zu festigen. Hierzu stehen den Kindern insgesamt vier Rechtschreibspiele zur Verfügung, die sich an bekannte und beliebte Spielideen anlehnen *(Glücksrad, Memolett, Letris, Scribble)*. Das mitgelieferte Übungsmaterial entspricht dem des vorliegenden Orientierungswortschatzes (vgl. Herné 1993).

(3) Training häufiger Wörter

Wenn ein Training isolierter Wörter erfolgt, ist es notwendig, die Bedeutung einer solchen Übung bewusst zu machen – zumal Transparenz ein weiteres Kriterium lerntherapeutischen Arbeitens ist. Tatsächlich hat sich immer wieder gezeigt, dass Schüler das Angebot, häufig auftretende Gebrauchswörter systematisch zu trainieren, dankbar angenommen haben. Dabei kann auch mit Grundschulkindern der 2. Klasse schon besprochen werden, dass sie mit ca. 30 kleinen Gebrauchswörtern wie *und, der, hat, ist* viele Geschichten erzählen und damit einen großen Teil der Schriftsprache abdecken können (vgl. dazu Spitta 1987, S. 58ff., hier die Liste von 20 häufigen Gebrauchswörtern, S. 61; vgl. Kapitel 2 (5)). Wenn diese Wörter automatisiert sind, spart das viel Zeit und Energie, weil man darüber nicht jedes Mal nachdenken muss. Die Sicherung dieser „kleinen Wörter" hat sich auch deshalb bewährt, weil lese-rechtschreib-schwache Kinder sich häufig auf die für sie schwierigen Wörter konzentrieren und in der Folge die kurzen, uns sicheren Rechtschreibern einfach erscheinenden Wörter falsch schreiben, das heißt so genannte Flüchtigkeitsfehler machen. Nicht selten haben solche Verschreibungen bei Eltern und Lehrerinnen Verzweiflung und Entsetzen ausgelöst und Äußerungen hervorgebracht wie „Der kann ja noch nicht einmal die einfachsten Wörter schreiben". Derartige Reaktionen wirken sich stets negativ auf das Selbstwertgefühl der Kinder aus und sind daher zu vermeiden.

Ein entscheidendes Kriterium bei der lerntherapeutischen Arbeit ist vielmehr, den Kindern von Anfang an Erfolge zu vermitteln, um ihnen zu zeigen, dass auch sie in der Rechtschreibung etwas leisten können. Damit wird ihr Selbstwertgefühl gestärkt, und es dient der Motivation zur Weiterarbeit.

(4) Nicht nur isoliertes Wörtertraining

Von großer Bedeutung ist es darüber hinaus, die erarbeiteten Wörter inhaltlich einzubetten, beispielsweise in Lückensätzen einzufügen, sie auf Karten vorzugeben und in einen Satzbaukasten (Switchboard) einzugliedern, Nonsenssätze oder ganze Geschichten damit auszudenken. Das Einfügen in vorgegebenes Material ist dabei ein Zwischenschritt auf dem Weg zu freiem, kreativem Schreiben.

(5) Grundlagen für weiterführende Schulen

Mit der Erarbeitung eines grundlegenden Wortschatzes wird gleichzeitig eine Basis für die Mitarbeit in weiterführenden Schulen geschaffen. Schließlich wird Wortkenntnis in gewissem Umfang – die Zahl hat sich bei 600 bis 1000 eingependelt – nicht nur in Rahmenrichtlinien vorgegeben, sondern auch in Lehrbüchern vorausgesetzt und von Lehrerinnen erwartet.

Dabei ist die Arbeit mit dem Grundwortschatz auch ein erster Schritt auf dem Weg zum adäquaten Umgang mit dem Wörterbuch. Durch den selbstständigen Gebrauch von zunächst begrenzten Wörterlisten, später von Wörterbüchern, erlangen die Kinder eine gewisse Selbstständigkeit und Unabhängigkeit bezüglich der Rechtschreibung. Damit ist ein entscheidender Schritt auf dem Weg zum selbstständigen Umgang mit Schriftsprache gemacht.

Erleichtert wird diese Arbeit durch die kindgerechte Aufmachung, die inzwischen immer mehr Lexika bieten, so z.B. „Simsalabim" (Westermann) oder „Findefix" (Oldenbourg). Kinder werden hier wunderbar angeregt, einfach einmal im Wörterbuch zu lesen und Wörter zu entdecken. Dabei darf allerdings nicht vergessen werden, ihnen dafür auch Zeit und Muße einzuräumen und sie nicht durch ein vorbereitetes Pensum bzw. Programm zu hetzen – sondern ihnen einfach Zeit zum Entdecken der Schrift zu geben. Natürlich muss das Nachschlagen alphabetisch angeordneter Wörter gut vorbereitet sein, am besten Schritt für Schritt an selbst gewählten Beispielen (gute Wörterbücher haben hier Übungen vorangestellt), sonst sind Misserfolge durch langes, vergebliches Suchen und Unmut programmiert.

Die Erfahrung bei der Arbeit mit lese-rechtschreib-schwachen Kindern belegt die Bedeutsamkeit eines gezielten, am aktuellen Lernstand orientierten, systematischen Aufbaus der Schriftsprache. Die parallel dazu durchgeführte Vermittlung von häufigen Gebrauchswörtern zeugt nicht nur von Offenheit und Flexibilität der Lerntherapeutinnen und Lehrerinnen, sondern offenbart auch Zutrauen in die Fähigkeiten der Kinder. Intrinsisch motiviert führen die Kinder das systematische Vorgehen von uns Experten immer wieder einmal ad absurdum, wenn die Beschränkung auf lautgetreues Material zum Dogma wird: Wörter wie *Boot* oder *Gespensterschloss* werden korrekt verschriftet, lautgetreue wie *dem*, *wir* oder *Tomatensalat* dagegen sind fehlerhaft.

Zusammenfassend lässt sich sagen, dass sich in der außerschulischen Lerntherapie ein eher pragmatischer Umgang mit dem Grundwortschatz empfiehlt. Er kann als Orientierung dienen, Basis für die Auswahl des Übungsmaterials sein und so dazu beitragen, die Distanz zwischen den lese-rechtschreib-schwachen Kindern und ihren Mitschülern nicht noch größer werden zu lassen.

4. Lesehilfe für die Listen

Klappen Sie zur ersten Orientierung bitte die letzte Seite am Ende des Buches heraus. Sie gibt Ihnen, zusammen mit 4.1. hier unten, den kürzesten Überblick und hilft beim Lesen der *Alphabetischen Orientierungsliste* in Kapitel 5. Wenn Sie zusätzliche Erläuterungen außer der Klappseite suchen, lesen Sie hier in 4.2 weiter.

Kapitel 6 mit *Regelungen, Umkehrlisten und Modellwörtern* bietet das gleiche Material wie Kapitel 4 und 5, jedoch *ohne* die Häufigkeitsangaben und vor allem *aus anderer Perspektive:* Hier von den Wörtern zu den Regelungen, dort von den Regelungen zu den Wörtern.

4.1 Überblick zur Alphabetischen Orientierungliste (Kapitel 5)

- Die Stichwörter sind alphabetisch geordnet. Sie stehen aus Gründen der Übersichtlichkeit in der Mitte.

- Links davon steht das Häufigkeits-Profil, das sind Angaben über Herkunft und Häufigkeit des jeweiligen Stichwortes.

- Rechts vom Stichwort findet sich das rechtschreibliche Problem-Profil, also Angaben zu besonderen Buchstaben(folgen), zur Schreibung der Lang- und Kurzvokale sowie zur Schreibung der Wortbausteine.

46

4.2 Die Stichwörter und ihre Anordnung

Stichwort

		Häufig-keits-profil		Stichwort				Problem-Profil									
		Kinder	Erw					PGK		Vokalquantität				Morphologie			

Stichwort

& das Stichwort taucht auch als Bestandteil anderer Stichwörter auf

' Grenzen von Morphemen (Wortbausteinen)

* Fußnote

® reformiert

nur den *grau hinterlegten* Stichwörtern ist ein Problem-Profil zugeordnet

	Stichwort	nK/v							
	Fabr'ik *	nK	f,k		ik			ik	k
	& fahren	v	f			ahr			ä<
	Fahr'rad	nK							
	Fass ®	nK	f			ass			ä<

Die Anordnung der Stichwörter folgt dem Alphabet. <ä> ist wie <ae>, <ö> wie <oe>, <ü> wie <ue>, <ß> hinter <ss> eingeordnet.

In der Regel wird das Stichwort in der Grundform angegeben.

Abweichend von der alphabetischen Ordnung sind rechtschreiblich schwierige Verb-Neben-Stämme eingeordnet. Sie stehen unter der Grundform des Verbs und sind eingerückt (vergleiche auch Kapitel 7.2.). Zum Beispiel:

kamen unter *kommen*
bin unter *sein*

---

* *Fabrik*: <i> auch kurz gesprochen

47

Zusätzliche Hinweise:

& vor dem Stichwort zeigt zugleich an, dass dieses Wort sich für die Arbeit mit Wortfamilien lohnt. Vergleiche auch Kapitel 7.

' im Stichwort: Die zusammengesetzten oder abgeleiteten Wörter bleiben – bis auf die Konsonanten-Häufung – ohne Problemprofil. Das Problemprofil ist bei den einzelnen Wortbausteinen in den grau unterlegten Zeilen zu finden.

Wortbaustein-Grenzen sind bei sehr häufigen Endungen nicht angegeben, nämlich *'en* bei Verbgrundformen *(arbeiten)* und *'er* bei Nomen *(Arbeiter)*.

* hinter dem Stichwort verweist auf eine Anmerkung.

Apfel'sine   -sine (= China) undurchsichtig
April   /i/ lang oder kurz geprochen

® hinter dem Stichwort: Durch die Rechtschreibreform verändert, evtl. nur in gebeugten Formen.

Wortart

Wortart

a	Adverb	nN	Eigenname
j	Adjektiv	nK	Konkretum
v	Verb	nE	mit Endung
p	Präposition	nA	Abstraktum

Eng zum Stichwort gehört auch seine Wortart; sie steht in der ersten Spalte hinter dem Stichwort. Die Eintragung ist für die Verwendung in Übungsaufgaben gedacht, daher sind einige Gruppen und Untergruppen nicht markiert, wie Konjunktionen, Pronominal- und Interrogativadverbien.

48

Die Wortart-Einteilung folgt der Duden-Grammatik. Zusätzlich sind markiert:

Lesehilfe für die Listen

nN   Namen, sozusagen die Ur-Nomen,

nE   Nomen mit Endung, die die Wortart bestimmt, also *-heit*, *-keit*, *-ling*, *-nis*, *-sal*, *-schaft*, *-tum*, *-ung*,

nK   Nomen Konkretum: „Anfass-Wörter",

nA   das Gegenteil, die Abstrakta.

nN, nK und nA sind nicht in allen Fällen leicht festzulegen. Da uns empirische Untersuchungen nicht vorliegen, haben wir im Zweifelsfall die kindliche Perspektive unterstellt, zum Beispiel *Seite* als *Buch-Seite*: nK.

49

4.3 Das Häufigkeitsprofil

Häufigkeit in der Sprache von Kindern und Erwachsenen

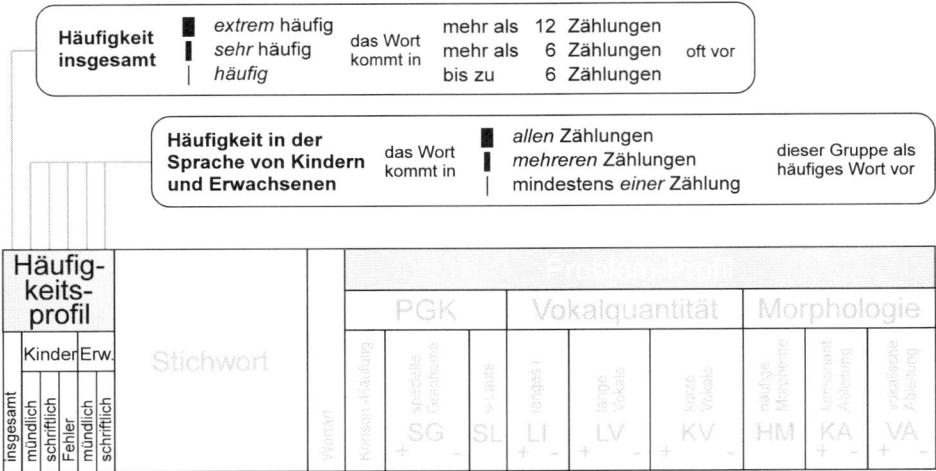

Für die *Alphabetische Orientierungsliste* sind verschiedene Wortzählungen zur Sprache von Kindern und Erwachsenen berücksichtigt worden:

> gesprochene Kindersprache,
> in Aufsätzen geschriebene Kindersprache,
> Rechtschreibfehler in Schülertexten,
> gesprochene Erwachsenensprache,
> schriftliche, gedruckte Erwachsenensprache.

Deshalb können Sie in den Spalten zur Häufigkeit, die links vom Stichwort angeordnet sind, erkennen,

- wie wichtig das Stichwort für die Schüler ist, das heißt, wie häufig es in den verschiedenen Zählungen vorkommt;

- aus welchen Bereichen das Stichwort in die Liste gekommen ist, zum Beispiel aus der Kindersprache oder der Erwachsenensprache, aus dem Bereich der gesprochenen oder der geschriebenen Sprache;

- und schließlich, ob das Stichwort von Schülern häufiger falsch geschrieben wird oder nicht.

50

Für jedes Stichwort ist angegeben, ob es

in allen Zählungen einer Gruppe als häufiges Wort vorkommt: ▮
in mehreren Zählungen: ▌
oder aber mindestens in einer wichtigen Zählung: |

Häufigkeit insgesamt

Diese Spalte – ganz links außen – gibt global an, wie häufig das Stichwort in den insgesamt ausgewerteten Zählungen auftaucht:

▮ extrem häufig, d.h. in mehr als 12 Zählungen
▌ sehr häufig, d.h. in mehr als 6 Zählungen
| häufig, d.h. in bis zu 6 Zählungen

Weitere Einzelheiten bietet Kapitel 8.

Wo keine Angabe erscheint, ist dieses Stichwort nicht unter dem Gesichtspunkt der Häufigkeit aufgenommen worden, sondern

um ein Wortfeld zu vervollständigen, z.B. bei Monatsnamen,
als sonst schlecht erkennbarer Wortbaustein, z.B. *fern*,
als schwere Verb-Nebenform, z.B. *stießen*,
als unselbstständige Vorsilbe oder Endung, z.B. *ver-* ...

Beispiel: Das Stichwort *Abend* kommt häufig vor

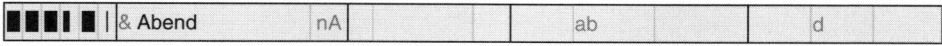

insgesamt in mehr als 12 Zählungen,

- in allen Zählungen zur gesprochenen Kindersprache, zur Kindersprache in Aufsätzen, zur gesprochenen Erwachsenensprache,

- in einer der beiden Zählungen zu Rechtschreibfehlern in Schülertexten,

- in einer Zählung zur schriftlichen (gedruckten) Erwachsenensprache.

Insgesamt basiert das Häufigkeitsprofil der *Alphabetischen Orientierungsliste* auf 18 verschiedenen empirischen Zählungen – teils älteren, meist aber jüngeren Datums – mit gut 15 Millionen gezählten Wörtern (vgl. zu weiteren Einzelheiten Kapitel 8).

51

Die Aufnahme eines Stichwortes in einen Grundwortschatz ist vor allem dann angeraten, wenn

- in der Spalte „insgesamt" das Zeichen ■ erscheint, das besagt, dass das Stichwort in *mehr als 12* Zählungen häufig in Erscheinung getreten ist,

- in der Spalte „Fehler" ein ■ anzeigt, dass das Stichwort in *beiden* Fehlerzählungen als häufiges Fehlerwort erscheint,

- das Stichwort durch | als mindestens *häufig in der Kindersprache* ausgewiesen ist, also hohe Gegenwartsbedeutung für die Schüler hat,

- das Stichwort durch | als mindestens *häufig in der Erwachsenensprache* ausgewiesen ist und damit große Zukunftsbedeutung hat.

4.4 Das Problemprofil
(Phonem-Graphem-Korrespendenzen und Regelungen)

Alle Stichwörter, die nicht aus anderen zusammengesetzt bzw. abgeleitet sind, werden grau unterlegt. Bei ihnen stehen im Problemprofil Angaben, aus denen hervorgeht,

- ob sie im Bereich von *Lauten* (oder Lautfolgen) Besonderheiten aufweisen,
- wie die *Vokale* und insbesondere ihre Dauer wiedergegeben werden,
- was auf der Ebene der *Wortbausteine* zu beachten ist.

Das Verhältnis zwischen Kapitel 4/5 und Kapitel 6/7

Das Problemprofil ist mit den Regelungen im Verhältnis einer Verschränkung zu sehen:

- Während hier nachfolgend und in Kapitel 5 das Problemprofil jedes Wort beschreibt unter dem Gesichtspunkt der für es gültigen Regelungen, also vom Einzelnen zum Allgemeinen zeigt,

- stellen Kapitel 6 und 7 den Weg vom Allgemeinen zum Einzelnen dar: In 6 werden die Regelungen „unterfüttert" mit allen Wörtern aus der *Alphabetischen Orientierungsliste*, und in 7 sind die Morpheme als Wortfamilien zusammengestellt.

Überschneidungen und Wiederholungen, vor allem zwischen den Kapiteln 4.4 und 6, sind daher notwendig. Sie sollen den Einstieg beim Lesen über die zwei Wege unterstützen, die wir Ihnen im Anfangskapitel „Auf einen Blick" als Schnelleinstieg vorgestellt haben.

Mehrheits-/Minderheitsschreibung

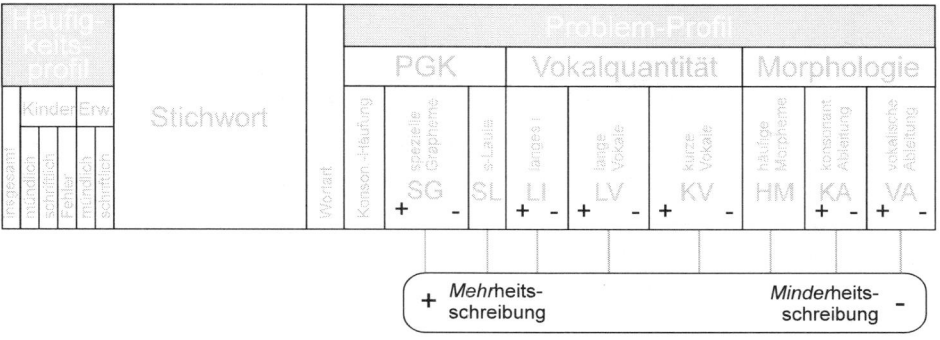

53

Beim größeren Teil der Angaben ist eine Unterscheidung zwischen Mehrheiten und Minderheiten wichtig, weil sich daraus Lern- und Lehrstrategien ableiten lassen (vgl. in Kapitel 6 besonders S. 131).

Phonem-Graphem-Korrespondenzen
(Besonderheiten bei Laut-Buchstaben-Zuordnungen)

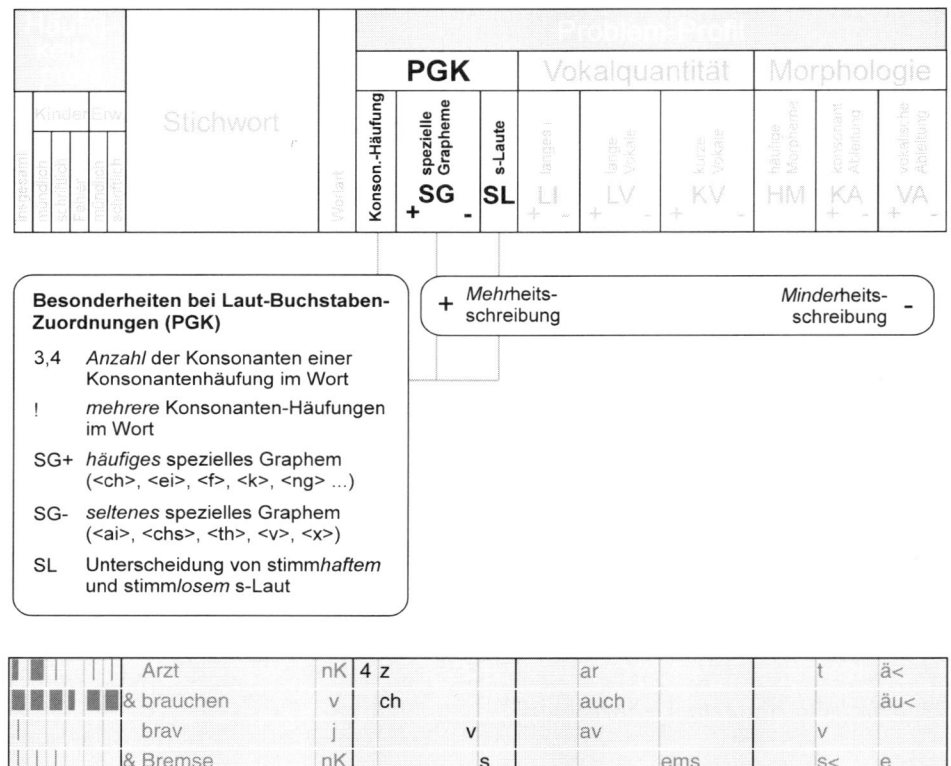

KH Konsonanten-Häufung

Wenn das Stichwort drei oder mehr Konsonanten unmittelbar hintereinander enthält, erscheint in der Spalte „Konsonanten-Häufung" deren Anzahl:

Fenster	3	entspricht	*-nst-*
Geburtstag	4		*-rtst-*

54

Wenn das Stichwort zwei solcher Konsonanten-Häufungen enthält, erscheint zusätzlich zu der Zahl ein !, zum Beispiel

Strumpf   3!   entspricht   *str-* und *-mpf*

Grundsätzlich sind die *Laute* gezählt, die man hört, und nicht die Buchstaben, die man sieht:

tanzen   3   da *z* als zwei Konsonanten gehört wird,
Busch   ohne Zahl,   da *sch* ein Laut ist.

Die Konsonanten-Häufung ist bei *allen* Stichwörtern angegeben, auch den nicht grau unterlegten. Denn die Probleme von Schreibanfängern, aber teilweise auch von älteren schwachen Rechtschreibern entstehen häufig gerade daraus, dass sie zusammengesetzte oder abgeleitete Wörter gar nicht als solche erkennen.

SG Spezielle Grapheme

(Abweichungen von der einfachen Laut-Buchstaben-Beziehung)

Wenn das Stichwort Laute enthält, deren Schreibung von der einfachen Laut-Buchstaben-Beziehung abweicht, erscheinen in der Spalte *spezielle Grapheme* Angaben.

SG+   SG-

Und zwar links, unter SG+ die häufigeren Abweichungen sowie rechts, unter SG-, die selteneren, einschließlich von Fremdwort-Besonderheiten.

Die Häufigkeitsverhältnisse von <f/v> sind auf S. 128 veranschaulicht.

SL s-Laute

Hier sind die Buchstaben eingetragen, für die es lohnt, den Unterschied von stimmhaften = brummend-gesummtem /z/ und stimmlosem = scharf gezischtem /s/ zu beherrschen.

<s> stimmhaftes = brummend-gesummtes /z/,   wie: *Dose*,
<ß> stimmloses = scharf gezischtes /s/,   wie: *außen*.

<ss> ist nach der Rechtschreibreform eine regelhafte Dopplung und wird nur bei den Kurzvokalen aufgeführt.

55

Zur Lauttreue der deutschen Orthographie

Unstreitig hat das Deutsche keine vollkommen lauttreue Schrift, das heißt, eine Schrift, die wie eine phonetische Umschrift lediglich nach dem Prinzip funktioniert „Schreibe, wie du sprichst". Dies wäre schon deswegen schwierig, weil im Deutschen viele Dialekte gesprochen werden – immer noch, wenn auch deutlich schwächer als in den beiden vorigen Jahrhunderten, während denen sich die meisten Schreibungen endgültig festigten.

Andererseits verführt die Zahl der angeführten Abweichungen von der einfachen Laut-Buchstaben-Beziehung leicht zu der Annahme, das Deutsche sei regellos. Man muss aber – wie Zahlen meistens – auch diese Zahl in Relation zu einer anderen sehen, nämlich zur Masse an problemlos hinschreibbaren Teilen von Wörtern oder sogar von ganzen Wörtern.

Außerdem ist der Bezug auf die Lautsprache noch in zwei Hinsichten lernnützlich:

- Die Kinder bringen eine recht weit beherrschte gesprochene Sprache mit in die Schule. Daran lohnt es anzuknüpfen.

- Die so genannten lautabweichenden Regeln, vor allem die grundschulrelevanten Bereiche Vokalquantitäten und Morphologie, beruhen zu großen Teilen darauf, dass man wissen bzw. „im Gefühl haben" muss, in Bezug auf welche Laute jeweils eine Abweichung zu beachten ist. Und diese Abweichungen sind zu großen Teilen regelhaft.

Vokalquantität (Regelungen bei langen und kurzen Vokalen)

Die Dauer des betonten Vokals ist ausschlaggebend dafür, ob Sie die Angaben in den Spalten LI oder LV (Langvokale) oder KV (Kurzvokale) finden.

Bei allen Vokalschreibungen sind der Vokal selbst und – wenn vorhanden – die nachfolgenden Buchstaben angegeben, um das Zusammenstellen von gleich klingenden Gruppen zu erleichtern.

<table>
<tr><th>Häufig-keits-profil</th><th></th><th>Stichwort</th><th></th><th colspan="12">Problem-Profil</th></tr>
<tr><th>Kinder Erw</th><th></th><th></th><th></th><th colspan="2">PGK</th><th colspan="7">Vokalquantität</th><th colspan="3">Morphologie</th></tr>
</table>

Problem-Profil — **Vokalquantität**

PGK | SG SL | **LI** langes i | **LV** lange Vokale | **KV** kurze Vokale | Morphologie HM KA VA

$+$ Mehrheits-schreibung   Minderheits-schreibung $-$

Regelungen bei langen und kurzen Vokalen

LI+   *lang* gesprochenes /i:/ als <ie>

LI-   *lang* gespr. /i:/ als <i>, <ih> oder <ieh>

LV+   Langvokal (außer /i:/) *ohne* Dehnungs-zeichen

LV-   *gekennzeichneter* Langvokal (Dehnungs-h oder Doppelvokal)

KV+   *regelhafte* Kurzvokalschreibung

KV-   *irreguläre* Kurzvokalschreibung

		Stichwort		PGK	LI	LV	KV	Morph
		Kanin'chen	nK	k,ch	in		chen	
		kap'ieren	v	k	ier			
		Kater	nK	k		at		
		& kehren	v	k		ehr		e
		man					an	
		& Mantel	nK				ant	ä<

LI Lang gesprochenes betontes /i:/

LI+   LI-

<ie> ist die weit überwiegende Mehr-heitsschreibung.

Verschieden große Minderheiten/Aus-nahmen sind:

- sehr selten   <ieh>
- drei sehr häufige Wortbausteine   <ih>
- einige häufige und viele seltene Wörter nur mit   <i>

Lesehilfe für die Listen

57

Die Häufigkeitsverhältnisse für die vier Schreibungen des langen /i:/ sind auf S. 131 veranschaulicht.

Wer also ein betontes langes /i:/ hört und den Mehrheitsfall der Schreibung kennt, hat einen deutlichen Vorteil. Die drei Minderheits-Schreibungen muss man allmählich lernen. Vergleiche auch Kapitel 3.2 (7) und (8).

LV Andere lang gesprochene betonte Vokale

LV+   LV-

Die Schreibung ohne zusätzliches Zeichen ist die weit überwiegende Mehrheit, also

<a>	Mehrheit	Minderheit <ah>	noch seltener <aa>
<e>	Mehrheit	Minderheit <eh>	noch seltener <ee>
<o>	Mehrheit	Minderheit <oh>	noch seltener <oo>
<u>	Mehrheit	Minderheit <uh>	
<ä>	Mehrheit	Minderheit <äh>	
<ö>	Mehrheit	Minderheit <öh>	
<ü>	Mehrheit	Minderheit <üh>	
<ei>	Mehrheit	Minderheit <eih>	
<eu>	keine Alternative		
<au>	keine Alternative (mehr)		

Die Häufigkeitsverhältnisse für Mehr- und Minderheit-Schreibungen sind auf S. 132 veranschaulicht.

Wer also einen betonten langen Vokal hört und den Mehrheitsfall der Schreibung kennt, hat einen deutlichen Vorteil. Die Minderheit-Schreibungen muss man allmählich lernen. Vergleiche auch Kapitel 3.2 (8).

Leider ist es vielfach üblich, weder die Umlaute noch die Zwielaute/Diphthonge zu den Vokalen zu rechnen. Das ist verwirrend und zumindest für die Rechtschreibung unpraktisch, wie man hier sieht.

KV Kurz gesprochene betonte Vokale

Hier gibt es eine Regelfolge für die übergroße Mehrheit der Fälle: Wird der betonte Vokal kurz geprochen, dann kommt es darauf an, welche und vor allem wie

58

viele Konsonanten ihm folgen. (Bei Verben muss man zuvor auf die Grundform zurückgehen und den Stamm finden.)

KV+

- Folgen zwei (oder mehr) hörbare Konsonanten, dann schreibt man sie hin;
- folgt nur ein hörbarer Konsonant, dann schreibt man ihn doppelt hin.
  - <ch>, <ng> und <sch> werden nicht verdoppelt;
  - <ck> gilt als Dopplung des <k>;
  - <tz> gilt als Dopplung des <z>.

KV-

Eine sehr kleine Minderheit von Wörtern weicht davon ab. Die Dopplung unterbleibt in einigen kurzen, sehr häufig gebrauchten Wörtern: *am*, *hat*, *man* ...

Hier muss das Regelgefühl (für die Mehrheitsfälle) im Vordergrund stehen, das sich oft von allein entwickelt oder sonst behutsam „nachgesteuert" werden kann. Die Minderheiten brauchen meist keine Aufmerksamkeit. Denn sie sind so häufig, dass man auf die Einprägung durch das Lesen setzen kann. Das Gleiche gilt für eine kleine Reihe von Vorsilben und Endungen: ent-, -chen ... Sie sind aber fast immer unbetont und gehören damit nicht wirklich in die Gruppe KV, auch wenn sie ihr nahe stehen; siehe auch nächste Seite in HM. (Eine dritte Gruppe von Wörtern fremder Herkunft – wie *Chef* oder *Hotel* – gehört auch zu dieser Minderheit. Sie sind allerdings so selten, dass sie gar nicht in der *Alphabetischen Orientierungsliste* auftreten.)

Reimübungen

Vor den beliebten Reim-Übungen muss man warnen: Sie helfen nur bei den Kurzvokalen, jedenfalls sehr oft. Bei den Langvokalen sind Reime aber gefährlich, denn hier gibt es ja zwei, teilweise drei verschiedene Schreibungen für den gleichen Reimklang, sodass Reime orthographisch in die Irre führen.

Morphologie (Wortbausteine)

Wortbaustein-Kenntnis oder -Regeln

HM häufiges *unselbständiges* Morphem (be-, ge-, -nis, -ung, ver-, zer- ...)

KA+ <b/p>, <d/t>, <f/v/w>, <g/k>, <s/ß> kann durch *Ableiten* (Verlängern) ermittelt werden

KA- <b>, <d>, <g>, <s> kann durch Ableiten *nicht* ermittelt werden

VA+ <e/ä> bzw. <eu/äu> kann durch *Ableiten* ermittelt werden

VA- <ä> bzw. <äu> kann durch Ableiten *nicht* ermittelt werden

< zeigt an, dass andere Formen des Stichworts Ableitungsprobleme enthalten können

	& (-sam)				sam		
	& Sand	nK		and		d	
	Satz	nA		atz			ä<
	sind	v		ind		d	

HM Häufige unselbstständige Morpheme
(Wortbausteine)

Zu jedem Stichwort ist in der ersten Teilspalte angegeben, ob und welche häufigen unselbstständigen Morpheme es enthält. Es sind

-bar, be-, -chen, ein-, ent-, er-, -fach, ge-, -heit, -ieren, -ig, -ik, -in, -isch, -keit, -lein, -lich, -ling, -nis, -sam, -schaft, un-, -ung, ver-, zer-, -zig.

60

KA Konsonantische Ableitung

(so genannte Auslautverhärtung und g-Erweichung)

Am Stammende eines Teils der Wörter müssen die gesprochenen Laute /p/, /t/, /k/, /ç/ und /f/ als <b>, <d>, <g> oder <v> geschrieben werden. Dies lässt sich fast immer durch Verlängern des Stammes ermitteln. Teilweise muss der Stamm erst durch Abhängen der Endung „freigelegt" werden; in diesen Fällen folgt der Eintragung ein <. Diese Eintragung mag auf den ersten Blick überflüssig erscheinen; ihr Nutzen wird aber zum Beispiel bei Zeitformen von Verben oder bei Verkleinerungsformen von Nomen deutlich.

KA+

Die Buchstaben, die durch das Verlängern herauszufinden sind, stehen in dieser Spalte links. Die problemträchtigen Endungen -ig, -lich und -isch sind nur in KA+ gekennzeichnet, wenn sie als eigenes Stichwort auftreten.

Links steht auch

s wenn beim Verlängern ein stimmhaftes = brummend-gesummtes /z/ herauskommt, wie bei: Glas → Gläser, oder

ß wenn beim Verlängern ein <ß> = scharf gezischtes /s/ zu hören ist, wie bei Fuß → Füße.

KA-

Rechts stehen <b>, <d>, <g> oder <s>, falls der Buchstabe nicht durch Verlängern zu finden ist. Dabei gibt es zwei Fälle:

1. der fragliche Buchstabe steht nicht am Silbenende, wie das <b> in Erbse oder Obst;

2. das Wort lässt sich überhaupt nicht verlängern, wie Jugend, und oder ob.

VA Vokalische Ableitung: <ä/äu>

In einem Teil der Wörter, die mit einem /ɛ/, dem kurzen e-Laut, oder einem /e:/, dem langen e-Laut, gesprochen werden, wird <ä> geschrieben. Im Norden gilt das für beide Fälle, im Süden nur für das kurze /ɛ/, weil dort zwei lange Laute, /e:/ und /ɛ:/, unterschieden werden. Ebenso gibt es /oi/, das als <äu> geschrieben wird.

61

VA+

Fast immer lässt sich eine verwandte Form mit *a* bzw. *au* finden. Dies gilt streng für Konjugation, Deklination und Komparation: *(er) schläft, (es) läuft; Bäume, Häuser; stärker, ärmste.* Ebenso bei vielen Ableitungen: *Bäumchen, Läufer.*

VA-

Bei Verwandtschaft über die Wortarten hinweg gilt die Regelung aber nicht immer: *Eltern* hängt offensichtlich mit *alt* zusammen, *Käse* lässt sich (im Deutschen) nicht ableiten, ähnlich *spät.* Diese Fälle sind rechts markiert.

Die meisten Ausnahmefälle sind selten und kommen deswegen im Orientierungswortschatz gar nicht vor. Dies gilt auch für Wörter wie *einbläuen, Gämse,* die durch die Reform „normalisiert" wurden, also aus der Gruppe VA- nach VA+ gewandert sind.

62

5. Alphabetische Orientierungsliste[*]

unter Mitwirkung von Karl-Ludwig Herné

Häufig-keits-profil						Stichwort	Wortart	Problem-Profil											
									PGK		Vokalquantität					Morphologie		
	Kinder		Erw.					Konson.-Häufung	spezielle Grapheme	s-Laute	langes i	lange Vokale		kurze Vokale		häufige Morpheme	konsonant. Ableitung		vokalische Ableitung
insgesamt	mündlich	schriftlich	Fehler	mündlich	schriftlich				SG	SL	LI	LV		KV		HM	KA		VA
								+		-	+	-	+	-	+		+	-	+	-
▮	▮	▯			▯	▮	& ab(-)	a,p								ab			b	
▮	▮	▮	▮	▮	▯	▯	& Abend	nN					ab						d	
▯			▯	▮		Abend'brot	nK	4											
▮	▮	▮	▮	▮	▯	abend's	a	3											
▮	▮	▯		▮	▮	aber						ab							
▯		▯			ab'geben	v												
▯		▯	▯		ab'holen	v												
▯	▮			ab'machen	v												
▯			▯		ab'nehmen	v												
▯		▯		ab'schneiden	v	3											
▯		▯		ab'schreiben	v	3											
▮	▮			▯	ach			ch					ach					
▮	▮		▯	▯	& acht	j		ch					ach			t		
▯				Acker	nK							ack				ä<	
▯	▯			Adler	nK					ad						d	
▯			▮	ähn'lich	j												
▯			▯	ändern	v												
▯	▮		ängst'lich	j	4											
▯	▮	& Ärger	nA								ärg					ä
▯	▮	ärger'lich	j													
▯	▯	▮	ärgern	v												
▯	▮	▮	Affe	nK								aff		f<	ä<	
▯		ah							ah							
& ahnen	v						ahn						ä<	
▯		Ahn'ung	nE							ahn						
▮	▮	▮	▮	▮	▮	& alle								all				

[*] Kurzerläuterungen auf dem herausklappbaren hinteren Innendeckel.

Alphabetische Orientierungsliste

63

Häufigkeitsprofil		Stichwort	Wortart	PGK			Vokalquantität			Morphologie		
Kinder / Erw.				Konson.-Häufung	spezielle Grapheme SG +/-	s-Laute SL	langes i LI +/-	lange Vokale LV +/-	kurze Vokale KV +/-	häufige Morpheme HM	konsonant. Ableitung KA +/-	vokalische Ableitung VA +/-
		allein(e) *	a		ei			ein				
		als							als		s	
		also	a			s			als			
		alt	j						alt		t	ä<
		am	p						am			
		Ameise	nK		ei	s	am					
		Amsel	nK			s			ams			
		& an	p						an			
		an'dauern'd	j	3								
		& andere	j						and			ä<
		ander's	a									
		An'fänger	nK									
		an'fahren	v									
		An'fang	nA									
		an'fangen	v									
		an'fassen ®	v									
		an'geben	v									
		Angel	nK		ng				ang			
		& Angst	nA	3	ng				ang		s,t	ä<
		an'gucken	v									
		an'haben	v									
		an'halten	v									
		an'kommen	v									
		an'malen	v									
		an'nehmen	v									
		Anorak	nK	k					an		k	ä<
		an'rufen	v									
		an'schauen	v									
		an'sehen	v									
		an'springen	v	4								
		& Antwort *	nA	3					ant		t	
		antworten	v	3								
		an'ziehen	v	3								
		& Apfel	nK		pf				apf			ä<
		Apfel'saft	nK									
		Apfel'sine *	nK				in					

* *allein*: auch *all'ein*; sonst <ll> nach unbetontem Vokal

* *Antwort*: auch *Ant'wort*

64

		Häufigkeitsprofil					Stichwort	Wortart	Konson.-Häufung	PGK			Vokalquantität			Morphologie		
	insgesamt	mündlich (Kinder)	schriftlich	Fehler	mündlich (Erw.)	schriftlich				SG (+/−)	SL (s-Laute)	LI (+/−) langes i	LV (+/−) lange Vokale	KV (+/−) kurze Vokale	HM häufige Morpheme	KA (+/−) konsonant. Ableitung	VA (+/−) vokalische Ableitung
							Appetit	nA				it		app	t		
							April	nN				il					
							& Arbeit	nA		ei		eit			t		
							arbeiten	v									
							Arbeiter	nK									
							arm	j						arm			ä<
							Arm	nK						arm			ä<
							Art	nA				ar			t		
							Arzt	nK	4	z		ar			t		ä<
							Ast	nK						ast	s,t		ä<
							au(a)					au					
							auch			ch		auch					
							& auf(−)	a,p		f		auf					
							auf'bauen	v									
							auf'essen ®	v									
							auf'fressen ®	v	3								
							Auf'gabe	nA									
							auf'haben	v									
							auf'heben	v									
							auf'hören	v									
							auf'machen	v									
							auf'passen ®	v									
							auf'räumen	v									
							auf'reißen	v									
							auf's	p									
							auf'schreiben	v	3								
							auf'stehen	v	3								
							auf'wachen	v									
							& Auge	nK				au				g<	äu<
							Augen'blick	nA	3			au					
							August *	nN				au			s,t		
							& aus(−)					aus					s
							aus'denken	v									
							aus'einander	a									
							aus'gehen	v									

* *Apfel'sine*: -sine (=China) undurchsichtig

* *August*: hier nur als Monatsname, Betonung auf der 2. Silbe

65

Häufigkeitsprofil						Stichwort	Wortart	Problem-Profil										
								PGK			Vokalquantität					Morphologie		
	Kinder			Erw.				Konson.-Häufung	spezielle Grapheme SG	s-Laute SL	langes i LI		lange Vokale LV		kurze Vokale KV		häufige Morpheme HM	konsonant. Ableitung KA	vokalische Ableitung VA
insgesamt	mündlich	schriftlich	Fehler mündlich		schriftlich				+ −		+ −		+ −		+ −			+ −	+ −
|	|					aus'lachen	v												
|	|					aus'machen	v												
|						aus'prob'ieren	v	3											
|	|					aus'reißen	v												
|	|					aus'ruhen	v												
|	|					aus'rutschen	v												
|	■	|		|		aus'sehen	v												
|	■		|			& außen *	a			ß			auß						äu<
■	■		|	|	■	& außer	p			ß			auß						äu<
			|		■	außer'dem	a												
|	|	|				aus'steigen	v	3											
|	|					aus'suchen	v												
|						aus'trocknen	v	3											
|	|	|		|		aus'ziehen	v	3											
■	■	■		■	|	& Auto	nK						aut						
|		|				Auto'fahrer	nK												
|	|	|				& Baby	nK		y										
|		|				Baby'puppe	nK												
|	|	|				Bach	nK	ch							ach			ä<
|	■					Backe	nK								ack		k<	ä<
|	|					backen	v								ack		k<	ä<
|						& Bad	nK						ad				d	ä<
|	■	|				baden	v												
|	|					Bade'wanne	nK												
|	|	■				Bär	nK						är						ä
|						Bagger	nK								agg			ä<
|		|		|		& Bahn	nK						ahn						
|	|	|				Bahn'hof	nK												
■	■	■		|	■	bald	a								ald		d	ä<
|	■	■				& Ball	nK								all			ä<
|	|	|				Banane	nK						an					ä<
|	|					Band	nK								and		d	ä<
|	|	|				Bank	nK	nk							ank		k	ä<
						& (-bar)										bar			ä<
|	■					Bart	nK						ar				t	ä<
|	|					basteln	v								ast		s	
|	|					Batterie	nK				ie					att		

* *außen*: trotz Verwandtschaft mit *aus*

66

Häufigkeitsprofil						Stichwort	Wortart	Konson.-Häufung	SG (spezielle Grapheme)	SL (s-Laute)	LI (langes i)	LV (lange Vokale)	KV (kurze Vokale)	HM (häufige Morpheme)	KA (konsonant. Ableitung)	VA (vokalische Ableitung)
						& Bau	nK					au				äu<
						& Bauch	nK	ch				auch				äu<
						bauen	v									
						& Bauer *	nK					au				äu<
						Baum	nK					aum				äu<
						Becher	nK	ch					ech			e
						be'deuten	v									
						& Beere	nK					eer				
						be'eilen	v									
						befehlen	v	f				ehl		be		e
						be'gegnen	v									
						be'halten	v									
						& bei	p	ei				ei				
						beide	j	ei				eid			d<	
						beim	p	ei				eim				
						Bein	nK	ei				ein				
						bei'nah(e)	a									
						Bei'spiel	nA									
						beißen	v	ei		ß		eiß			ß<	
						& bissen * ®	v						iss			
						be'kannt	j									
						be'kommen	v									
						be'kam	v									
						be'kommt	v									
						bellen	v						ell			e
						be'lohnen	v									
						be'nutzen	v									
						be'obachten *	v									
						& bereit	j	ei				eit		er	t	
						bereit's	a									
						Berg	nK						erg		g	e
						berichten	v									
						Be'ruf	nA	f				uf		be		
						be'schäft'igen	v									
						Bescheid	nA	sch,ei				eid			d	

* *Bauer*: zu *Bau*

* *bissen*: *bis/biss'chen/bissen* Homonyme

* *be'obachten*: auch *be'ob'achten*

67

	Stichwort	Wortart	SG +	SG -	SL	LI +	LI -	LV +	LV -	KV +	KV -	HM	KA +	KA -	VA +	VA -
Häufigkeitsprofil / **Problem-Profil**			PGK			Vokalquantität						Morphologie				
	Besen	nK		s			es									e
	be'sonder's	a														
	besser ®	j								ess						e
	beste	j								est			s,t<		e	
	be'stimmen	v														
	be'stimmt	j														
	Be'such	nA														
	be'suchen	v														
	beten	v						et					t<		e	
	Be'trieb	nA														
	Bett	nK								ett			t		e	
	Beule	nK						eul							eu	
	be'vor	v			v			or				be				
	be'wegen	v														
	be'zahlen	v														
	biegen	v					ieg						g<			
	bogen	v						og					g<			
	Biene	nK					ien									
	Bier	nK					ier									
&	bieten	v					iet						t<			
	boten	v						ot					t<			
	Bild	nK								ild			d			
	bill'ig	j								ill		ig	g			
&	binden	v								ind			d<			
	Birne	nK								irn						
&	bis *	p								is			s			
	bis'her	a														
&	biss'chen * ®		ch							iss		chen				
&	bitte, Bitte									itt			t<			
	bitten	v														
	baten	v						at					t<			
	bitter	j								itt						
&	Blatt	nK								att			t		ä<	
&	blau	j						au							äu<	
&	Blei	nK	ei					ei								
	bleiben	v	ei					eib					b<			
	blieben	v					ieb						b<			

* *bis/biss'chen/bissen* Homonyme

68

Häufig-keits-profil		Kinder		Erw.		Stichwort	Wortart	Konson.-Häufung	spezielle Grapheme	s-Laute	langes i	lange Vokale	kurze Vokale	häufige Morpheme	konsonant. Ableitung	vokalische Ableitung
insgesamt	mündlich	schriftlich	Fehler	mündlich	schriftlich			+ SG		SL	+ LI -	+ LV -	+ KV -	HM	+ KA -	+ VA -
‖ ‖						Blei'stift	nK								
‖				■	& Blick	nA						ick		k	
‖ ‖						blind	j						ind		d	
‖ ‖						Blitz	nA						itz			
‖ ‖						Block	nK						ock		k	
‖ ‖						blöd	j					öd			d	
‖ ‖ ‖						blond	j						ond		d	
■ ‖	■		‖ ‖			bloß	j		ß			oß			ß	
‖			‖			blühen *	v					üh				
■ ‖ ■						Blume *	nK					um				
‖ ‖ ‖					& Blut	nK					ut			t	
‖ ‖ ‖						bluten	v									
■ ‖ ■				■	& Boden	nK					od				
■ ‖ ■‖						böse	j		s			ös			s<	
‖ ‖						Bohne	nK					ohn				
‖ ‖						Bonbon *	nK		on				on			
‖						Boot	nK					oot			t	
‖ ‖						boxen	v		x			ox				
‖						braten	v					at			t<	ä<
■‖■‖ ‖	■‖				& brauchen	v	ch				auch				äu<
‖ ■‖					& braun	j					aun				äu<
‖						brav	j		v			av			v	
‖ ‖ ‖					& brechen	v	ch					ech		ch<	e
‖						Brei	nK	ei				ei				
‖ ‖ ‖		‖		breit	j	ei				eit			t	
‖ ‖ ‖					& Bremse	nK		s				ems		s<	e
‖ ■‖					bremsen	v									
‖						brennen	v						enn			e
						brannten	v						ann			
‖ ‖						Brett	nK						ett		t	e
‖ ‖		‖		& Brief	nK	f			ief					
‖ ‖		‖		Brief'marke	nK									
‖ ‖ ‖					Brille	nK						ill			
■‖■		■‖		& bringen	v	ng					ing			
‖		‖	■	brachten	v	ch					ach		t<	ä<
‖ ‖						Bröt'chen	nK									

* *blühen/Blume*: trotz Verwandtschaft

* *Bonbon*: Reduplikation

Alphabetische Orientierungsliste

69

Häufigkeits-profil						Stichwort	Wortart	Konson.-Häufung	SG spezielle Grapheme	SL s-Laute	LI langes i	LV lange Vokale	KV kurze Vokale	HM häufige Morpheme	KA konsonant. Ableitung	VA vokalische Ableitung
insgesamt	mündlich	schriftlich	Fehler	mündlich	schriftlich				+ −		+ −	+ −	+ −		+ −	+ −
▮ ▮▮						& Brot	nK					ot			t	
▮ ▮▮		▮				Bruder	nK					ud				
❘ ❘❘		❘				Brücke	nK						ück		k<	
❘						brummen	v						umm			
❘						Brunnen	nK						unn			
❘ ❘❘						Bub(e)	nK					ub			b	
▮ ▮		❘	▮			& Buch	nK		ch			uch				
❘		❘				Buche *	nK									
❘❘						Buch'stabe	nK	3								
❘		❘				bügeln	v					üg				
❘❘		❘				& Bürste	nK	3					ürs		s,t<	
❘		❘				bürsten	v									
❘❘						Bulle	nK						ull			
❘ ❘❘						bunt	j						unt		t	
❘❘						Burg	nK						urg		g	
❘ ❘❘						Bus *	nK							us		
❘		❘				& Busch	nK		sch				usch			
❘❘						& Butter	nK						utt			
❘❘						Butter'brot	nK	3								
						& (-chen)			ch					chen		
❘ ▮ ❘						Clown	nK			ow						
❘ ❘						Cowboy	nK			ow, oy						
▮❘❘❘ ▮▮						& da(-)	a					a				
▮❘ ❘ ▮▮						da'bei	a									
❘ ▮ ❘						Dach	nK		ch				ach			ä<
❘						Dackel	nK						ack			
❘			❘▮			da'durch	a									
▮❘			❘▮			da'für	a									
▮			❘▮			da'gegen	a									
❘						da'heim	a									
❘▮		❘				da'hin	a									
❘▮						da'hinten	a									
❘			❘▮			da'mal's	a									
❘			❘❘			Dame	nK					am				ä<
▮❘ ❘			❘▮			da'mit	a									
❘			❘❘			da'nach	a									

* *Buche*: vgl. *Buch*

* *Bus*: Kurzform aus Fremdwort; Plural *Busse*

70

Häufig-keits-profil						Stichwort	Wortart	Problem-Profil										
								PGK			Vokalquantität					Morphologie		
insgesamt	mündlich	schriftlich	Fehler	mündlich	schriftlich			Konson.-Häufung	spezielle Grapheme	s-Laute	langes i	lange Vokale		kurze Vokale		häufige Morpheme	konsonant. Ableitung	vokalische Ableitung
	Kinder		Erw.						SG	SL	LI	LV		KV		HM	KA	VA
								+		-	+ -	+	-	+	-		+ -	+ -
│ │▌│						da'neben	a											
│	│		│		& Dank	nK	nk						ank			k	
│					danke												
│			│		danken	v											
▌│ │	▌▌▌			dann	a							ann				
│			│ │	& dar(-) *	a					ar						
▌│	▌▌▌		& dar'an, dran *	a								an			
▌ │	│ ▌	& dar'auf, drauf	a	f				auf						
│ │			darauf'setzen	v											
│	│ ▌		dar'aus	a					aus					s	
│ ▌ │	▌▌	& dar'in, drin *	a								in			
│			dar'innen *	a											
▌	│ ▌		dar'über	a											
│	│ ▌		dar'um	a											
│ ▌			dar'unter	a											
▌│ │ │	▌		das *								as		s	
▌│ ▌│	▌▌		dass * ®								ass			
▌│ │ │	│ │	& dauern	v					au						
│ │			Daumen	nK					aum						äu<
▌│ │	│ ▌		da'von	a											
│			da'vor	a											
▌ │	│ ▌		da'zu	a											
│ ▌ │			& Decke	nK							eck		k<	e
▌│ │	│ │		dein		ei			ein						
▌│ │ │	▌		& dem					em						e
▌│ │ │	▌		den					en						e
▌	▌		denen											
▌▌▌	▌▌		& denken	v	nk						enk		k<	e
▌ │	│ ▌		dachten	v	ch						ach		t<	ä<
▌ │ ▌│	▌		denn								enn			e
▌│ │	▌▌		& der					er						e
│	▌		deren											
│	│		der'selbe											
▌	▌		& des *								es		s	e
▌	│ ▌		des'halb											

* *dar*: in Zusammensetzung betont lang oder unbetont gesprochen

* *dar'innen*: trotz *dar'in*

* *das/dass*: Homonyme

71

Häufigkeitsprofil	Stichwort	Wortart	Konson.-Häufung	SG +/-	SL	LI +/-	LV +/-	KV +/-	HM	KA +/-	VA +/-
	dessen *							ess			e
	& deut'lich	j		ch			eut		lich	t,ch	eu
	& deutsch, D.er			sch			eut				eu
	Deutsch'land	nN									
	Dezember	nN		z				emb			e
	dich			ch				ich		ch	
	& dicht	j		ch				ich		ch,t	
	dick	j						ick		k	
	die					ie					
	Dieb	nK				ieb				b	
	& Diener	nK				ien					
	Dienst	nA	3								
	Diens'tag	nN	3			ien				s	
	dieser				s	ies				s<	
	& Ding	nK		ng				ing			
	Ding's	nK									
	dir					ir					
	direkt	j		k				ekt		k,t	e
	& doch	a		ch				och			
	Doktor	nK		k				okt			
	doll → toll	j									
	& donnern	v						onn			
	Donner's'tag	nN	3								
	doof	j		f			oof				
	Dorf	nK		f				orf			
	dort	a						ort		t	
	Dose	nK			s		os			s<	
	Drachen	nK		ch				ach			
	Draht	nK					ah			t	ä<
	draußen	a									
	Dreck	nK						eck		k	e
	& drehen	v					eh				e
	& drei	j		ei			ei				
	drei'mal	a									
	Drei'rad	nK									
	drei'ßig *	j		ei	ß		eiß			g	

* *des/dessen*: trotz Verwandtschaft

* *dreiß'ig*: sonst z.B. *zwan'zig*, *vier'zig*

72

Häufigkeitsprofil						Stichwort	Wortart	Problem-Profil PGK Konson.-Häufung	SG + spezielle Grapheme −	SL s-Laute	LI + langes i −	LV + lange Vokale −	KV + kurze Vokale −	HM häufige Morpheme	KA + konsonant. Ableitung −	VA + vokalische Ableitung −
						drei'zehn	j									
						dreschen	v		sch				esch			e
▮	▮	▮		▮	▮	dritte	j						itt		t<	
				▮		& Druck	nA						uck		k	
			▮			drüben	a					üb				
				▮	▮	drücken	v									
▮	▮	▮		▮	▮	du						u				
		▮				dünn	j						ünn			
▮	▮	▮		▮	▮	dürfen	v		f				ürf		f<	
		▮				darf	v		f				arf			
		▮				dumm	j						umm			
		▮		▮		& dunk(e)le	j	3	nk				unk		k	
			▮			dunkel'blau	j	3								
			▮			dunkel'braun	j	3								
▮	▮	▮		▮	▮	& durch			ch				urch		ch	
			▮	▮		durch'aus	a									
			▮	▮		durch'führen	v	3								
	▮		▮			Durst	nA	3					urs		s,t	
▮	▮		▮	▮	▮	& eben	j					eb				e
		▮		▮		eben'fall's	a									
		▮		▮	▮	eben'so	a									
		▮				echt	j		ch				ech		ch,t	e
	▮	▮				Ecke	nK						eck		k<	e
	▮					egal	a					al				
				▮		ehe							eh			e
				▮		Ehe	nA						eh			e
	▮	▮		▮		Ei	nK		ei			ei				
		▮				& Eiche	nK		ei,ch			eich			ch<	
		▮				Eich'hörn'chen	nK	3								
▮	▮	▮		▮	▮	eigen't'lich	j	3								
						& Eile	nA		ei			eil				
	▮					& Eimer	nK		ei			eim				
						& (ein-)			ei			ein		ein		
	▮					& einander *			ei				and			
▮	▮	▮	▮	▮	▮	& einer			ei			ein				
▮	▮			▮	▮	ein'fach	j									
		▮				ein'fallen	v									

* *einander*: auch *ein'ander*, vgl. *allein*

Alphabetische Orientierungsliste

Häufigkeitsprofil: insgesamt	Kinder: mündlich	Kinder: schriftlich	Kinder: Fehler	Erw.: mündlich	Erw.: schriftlich	Stichwort	Wortart	Problem-Profil – PGK: Konson.-Häufung	PGK: spezielle Grapheme SG + -	PGK: s-Laute SL	Vokalquantität: langes i LI + -	Vokalquantität: lange Vokale LV + -	Vokalquantität: kurze Vokale KV + -	Morphologie: häufige Morpheme HM	Morphologie: konsonant. Ableitung KA + -	Morphologie: vokalische Ableitung VA + -
|			▌			ein'gehen	v									
▌		|		|	█	& ein'ige(n)	j,v		ei			ein		ig		
|	|	|				ein'kaufen	v									
|		|				ein'laden	v									
█		▌	█	█	█	ein'mal	a									
|		|				ein'nehmen	v									
|				|		ein'richten	v									
▌	▌			|		eins	j		ei			ein			s	
|						ein'sam	j									
|		|				ein'schlafen	v	3								
|		|				ein'steigen	v									
|					|	einzige	j	3	ei,z			ein		ig	g<	
|	|	█				Eis	nK		ei			eis			s	
|	|					& Eisen	nK		ei	s		eis				
|	|	|				Eisen'bahn	nK									
▌	█	█				Elefant	nK		f				ant		t	ä<
|						elektr'isch	j	3	k,sch				ekt	isch		e
|	|					elf	j		f				elf			e
▌	|	█		|	|	Eltern *	nK						elt			e
|			▌			(end-) *										
█	█	|	█	|	█	& Ende	nA						end	end	d	e
▌	|	|	█		|	end'lich	j	3								
|	|			|		eng	j		ng				eng			e
|						Engel	nK		ng				eng			e
|			▌			& (ent-) *								ent		
|		|			|	ent'decken	v	3								
|		|				Ente	nK						ent		t<	e
|						ent'fernen	v	3								
|				|	|	ent'weder	a	3								
█	▌	▌		█	█	er						er				e
|	|					Erbse	nK	3		s			erb		b	e
|	|					Erd'beere	nK	3								
▌	█	|			▌	& Erde	nK					er			d<	e
|					█	Er'folg	nA									
|						er'füllen	v									
|					█	er'halten	v									

* *Eltern*: eigentlich *Ältern*

* *end-/ent-*: Homonyme; *end-* zu: *Ende*

		Häufigkeitsprofil						Stichwort	Wortart	Problem-Profil													
		Kinder			Erw.					Konson.-Häufung	PGK SG +	PGK SG −	SL	LI +	LI −	LV +	LV −	KV +	KV −	HM	KA +	KA −	VA +	VA −

Table data (Stichwort, Wortart, Konson.-Häufung, SG, SL, LI, LV, KV, HM, KA, VA):

Stichwort	Wortart	Kons.	SG	SL	LI	LV	KV	HM	KA	VA
er'innern	v									
er'kennen	v									
er'klären	v	3								
Er'klär'ung	nE	3								
erlauben	v					aub		er	b<	
er'leben	v									
Er'leb'nis	nE									
ernst, Ernst		4					ern		s,t	e
& Ernte	nA	3					ern			e
ernten	v	3								
er'reichen	v									
er'scheinen	v									
er'schrecken	v	3								
er'schraken	v	3								
er'schrocken	v	3								
& erst	a	3					er		s,t	e
erster	j	3								
er'sticken	v	3		st			ick	er	k<	
er'widern	v									
er'wischen	v		sch				isch	er		
er'zählen	v	3								
es							es	es	s	e
Esel	nK			s	es					e
& essen, Essen ®							ess			e
aßen	v			ß		aß			ß<	
isst ®	v						iss		s,t	
etwa	a						etw			e
etwas, was *							etw	s	t,s	e
euch			ch			euch			ch	eu
euer, eure						eue				eu
Eule	nK					eul				eu
extra	a	4		x			ext			e
Fabr'ik *	nK	f,k			ik				ik k	
Fach	nK	f,ch					ach			ä<
& (-fach)		f,ch					fach			
Faden	nK	f				ad			d<	ä<

* *etwas*: auch *et'was*
* *Fabrik*: <i> auch kurz gesprochen

75

Häufigkeitsprofil	Stichwort	Wortart	Konson.-Häufung	SG +	SG -	SL	LI +	LI -	LV +	LV -	KV +	KV -	HM	KA +	KA -	VA +	VA -
	& fahren	v		f					ahr							ä<	
	fährt	v															
	fuhren	v		f					uhr								
	Fahrer	nK															
	Fahr'rad	nK															
	Fahrt	nA															
	& Fall	nA		f							all					ä<	
	fallen	v															
	fällt	v															
	fiel *	v		f			iel										
	fall's	a															
	falsch	j		f,sch							alsch					ä<	
	Familie	nK		f			il										
	& fangen	v		f,ng							ang					ä<	
	Farbe	nK		f							arb			b<		ä<	
	Fass ®	nK		f							ass					ä<	
	& fassen ®	v		f							ass						
	fast	a		f							ast			s,t			
	faul	j		f					aul							äu<	
	Faust	nK		f					aus					s,t		äu<	
	Februar	nN		f					eb							e	
	Feder	nK		f					ed							e	
	fegen	v		f					eg					g<		e	
	& fehlen	v		f					ehl							e	
	Fehler	nA															
	feiern	v		f,ei					eie							e	
	& Feige	nK		f,ei					eig					g<			
	fein	j		f,ei					ein								
	Feind	nK		f,ei					ein					d			
	Feld	nK		f							eld			d		e	
	Fell	nK		f							ell					e	
	Felsen	nK		f		s					els			s<		e	
	Fenster	nK	3	f							ens			s		e	
	& Ferien	nA		f					er							e	
	& fern	j		f							ern					e	
	fernsehen, F.		3														
	fertig	j		f							ert		ig	g		e	

* fiel: Homonym viel

76

Häufig-keits-profil						Stichwort	Wortart	Problem-Profil												
									PGK				Vokalquantität					Morphologie			
		Kinder		Erw.				Konson.-Häufung	spezielle Grapheme	s-Laute	langes i		lange Vokale		kurze Vokale		häufige Morpheme	konsonant. Ableitung		vokalische Ableitung	
insgesamt	mündlich	schriftlich	Fehler	mündlich	schriftlich				SG	SL	LI		LV		KV		HM	KA		VA	
									+	-	+	-	+	-	+	-		+	-	+	-
▮ ▮ ▮			▮		▮	& fest, Fest		f							est			s,t		e	
▮	▮	▮				fest'halten	v	3													
▮		▮				fest'stellen	v	4													
▮	▮					Fett	nK	f							ett			t		e	
▮	▮					Feuer	nK	f,eu					eue							eu	
▮		▮				Figur	nK	f					ur								
▮	▮					Film	nK	f							ilm						
▮ ▮ ▮			▮	▮		finden	v	f							ind			d<			
▮	▮	▮		▮		Finger	nK	f,ng							ing						
▮					▮	Firma	nA	f							irm						
▮	▮	▮				& Fisch	nK	f,sch							isch						
▮	▮	▮				Flasche	nK	f,sch							asch					ä<	
▮						Fleck	nK	f							eck			k		e	
▮	▮					Fleisch	nK	f,ei,sch					eisch								
						& Fleiß	nA	f,ei		ß			eiß						ß		
▮				▮		fleiß'ig	j														
▮	▮			▮		& Fliege	nK	f			ieg							g<			
▮ ▮ ▮	▮			▮	▮	fliegen	v														
▮	▮					flogen	v	f					og						g<		
						fliehen	v	f				ieh									
						flohen	v	f						oh							
						fließen	v	f		ß	ieß							ß<			
						flossen ®	v	f							oss						
▮	▮					Flöte	nK	f					öt					t<			
▮						Flügel *	nK														
▮	▮					flüstern	v	f							üst			s			
						& Flug	nA	f					ug					g			
▮	▮					Flug'zeug	nK	3													
▮						Fluss ®	nK	f							uss						
▮		▮				Förster	nK	3													
▮				▮		& folgen	v	f							olg			g<			
▮					▮	fordern *	v	f							ord						
▮			▮	▮		Form	nK	f							orm						
						& Forst	nK	3 f							ors			s,t			
▮				▮		& fort	a	f							ort						
▮						Fräu'lein	nK														

* *Flügel*: zu *Flug*
* *fordern*: Ableitbarkeit von *vor* rechtschreiblich nicht genutzt

77

Häufigkeitsprofil Kinder ins.	münd.	schr.	Fehler	Erw. münd.	Erw. schr.	Stichwort	Wortart	Konson.-Häufung	SG +	SL −	LI +	−	LV +	−	KV +	−	HM	KA +	−	VA +	−
					■	& Frage	nA		f				ag								
■	■	■		|	|	fragen	v														
■	■	■		■	■	& Frau	nK		f				au							äu<	
|	|					frech	j		f,ch						ech			ch		e
■				■	■	& frei	j		f,ei				ei								
|					|	Frei'tag	nN														
|				|	|	fremd	j		f						emd			d		e
■	■	■	■			& fressen ®	v		f						ess					e
|		|	■			fraßen	v		f	ß			aß					ß<		
|		■				frisst ®	v		f						iss			s,t		
|			|	|	|	Freude	nA		f,eu				eud					d<		eu
■	|	■		|		freuen	v		f,eu				eue							eu
■	■	■		|	|	& Freund	nK		f,eu				eun					d		eu
|	|	|				Freund'in	nK														
|						freund'lich	j	3													
|			|			& Frieden	nA		f		ied								d<		
|	|	|				frieren	v		f		ier										
|						frisch	j		f,sch						isch					
|	|	|				Friseur	nK		f		eu s										
|						fröh'lich	j														
|	|	|				& froh	j		f				oh							
|	|	|				Frosch	nK		f,sch						osch					
■	|		■	■		& früh, früher	j		f						üh					
|						Früh'ling	nE														
|		|	■			Früh'stück	nA														
|	■	|				Fuchs	nK		f	chs					uchs					
|			|			& fühlen	v		f				ühl							
■			|	■		& führen	v		f				ühr							
						& füllen	v		f						üll					
■	|		|	■		& fünf	j		f						ünf					
|						fünf'zehn	j	4												
|			|			fünf'zig	j	4												
■	|	|		■	■	& für	p		f				ür							
■	|	|	|		|	füttern	v													
|						& Furcht	nA	3	f,ch						urch			ch,t		
|		|				furcht'bar	j	4												
■	■	■		|	|	& Fuß	nK		f	ß			uß					ß		
|	■	|		|		Fuß'ball	nK														
|	|			|		Fuß'boden	nK														

78

Häufigkeits-profil					Stichwort	Wortart	Problem-Profil										
							PGK				Vokalquantität				Morphologie		
insgesamt	Kinder mündlich	Kinder schriftlich	Fehler Erw. mündlich	Erw. schriftlich			Konson.-Häufung	spezielle Grapheme SG + −	s-Laute SL	langes i LI + −	lange Vokale LV + −	kurze Vokale KV + −	häufige Morpheme HM	konsonant. Ableitung KA + −	vokalische Ableitung VA + −
❚❚❚					& Futter	nK	f					utt			
❚❚			❚		Gabel	nK				ab					
❚❚		❚		❚	& Gang	nK	ng				ang			ä<
❚❚					Gans	nK					ans		s	ä<
■■■❚■■					ganz	j	3 z				anz			ä<
■❚❚ ■■■					& gar	a				ar				ä<
❚		❚			gar kein									
		❚			gar nicht									
❚❚ ❚■ ❚					& Garten	nK					art		t<	ä<
❚					Gast	nK					ast		s,t	ä<
❚					Gaul	nK				aul				äu<
❚			❚		Gebäude *	nK				äud				äu
■■ ❚ ■■					& geben	v				eb			b<	e
❚	❚❚		❚		gaben	v								
■ ❚❚ ■					& gibt *	v				ib			b,t	
❚		❚■			Ge'biet	nK								
❚		❚			geboren	j				or		ge		
❚❚ ❚					ge'brauchen	v								
❚ ❚					Ge'büsch	nK								
					& Geburt	nA				ur			t	
❚■❚					Geburt's'tag *	nA	4							
❚		❚■			Ge'danke	nA								
❚					gefähr'lich	j								
❚❚					Ge'fäng'nis	nE								
❚	■				& Gefahr	nA	f			ahr				ä<
■❚❚ ■					ge'fallen	v								
❚			❚		Ge'fühl	nA								
■❚❚ ■■					& gegen	p				eg				e
❚		❚			Gegend	nK				eg			d	e
❚		❚■			gegen'über	a,p								
■■❚■ ■■					& gehen	v						eh		e
■❚ ❚■					gingen *	v								
■❚■ ❚■					ge'hören	v								
❚		❚❚			Geist	nK	ei				eis		s,t	

* *Gebäude*: auch *Ge'bäu'de*

* *gibt*: <i> auch kurz gesprochen, dann unregelmäßig (*gib't*)

* *Geburt's'tag*: <u> auch kurz gesprochen, trotz Ableitung von langem /u:/

* *gingen*: zu *Gang*

Alphabetische Orientierungsliste

79

Häufigkeitsprofil						Stichwort	Wortart	Problem-Profil													
	Kinder			Erw.				PGK				Vokalquantität						Morphologie				
insgesamt	mündlich	schriftlich	Fehler	mündlich	schriftlich			Konson.-Häufung	spezielle Grapheme SG +	−	s-Laute SL	langes i LI +	−	lange Vokale LV +	−	kurze Vokale KV +	−	häufige Morpheme HM	konsonant. Ableitung KA +	−	vokalische Ableitung VA +	−
■						gelb	j									elb			b		e	
■■			■■			Geld	nK									eld			d		e	
						Ge'legen'heit	nE															
						gelingen	v	ng								ing		ge				
				■		gelten	v									elt			t<		e	
						gemein	j		ei					ein				ge				
				■		& Ge'müse *	nK				s			üs				ge				
						ge'müt'lich	j															
■■			■■&			genau	j							au								
						genau'so	a															
						ge'nießen	v			ß		ieß						ge	ß<			
						ge'nossen ®	v									oss		ge				
						genügen	v															
■			■&			genug	a							ug				ge	g			
■			■■			gerade, grade	j							ad				er	d<			
						Gerät	nK							ät				er	t			ä
						Ge'räusch	nA															
■■			■■			gern(e)	a									ern					e	
						Ge'schäft	nK															
		■				geschehen	v		sch					eh				ge			e	
		■				geschahen	v		sch					ah				ge				
		■				geschieht	v		sch			ieh						ge				
						Ge'schenk	nK															
■				■		Geschichte	nA		sch,ch							ich			ch,t<			
						Ge'schmack	nA															
						Ge'schrei	nA															
						& ge'schwind	j		sch							ind		ge	d			
						Geschw.'ig'keit *	nE															
■	■■			■		Ge'sicht	nK															
						Gespenst	nK	3	sp							ens			s,t		e	
■■						gestern	a									est			s		e	
						gesund	j				s					und		un	d			
						Gewand	nK									and			d			ä<
■				■		gewinnen	v									inn		ge				
				■		ge'wiss ®	j															
						Ge'witter *	nA															

* *Ge'müse*: zu *Mus*
* *Geschwind'ig'keit*: eigentlich *Geschwind'igkeit*

80

Häufigkeitsprofil	Stichwort	Wortart	Problem-Profil								
			PGK			Vokalquantität			Morphologie		
Kinder / Erw.			Konson.-Häufung / spezielle Grapheme SG	s-Laute SL	langes i LI	lange Vokale LV	kurze Vokale KV	häufige Morpheme HM	konsonant. Ableitung KA	vokalische Ableitung VA

(Column groups: SG (+ / −), SL, LI (+ / −), LV (+ / −), KV (+ / −), HM, KA (+ / −), VA (+ / −))

Kinder/Erw.	Stichwort	Wortart	Kons.-Häuf.	SG	SL	LI	LV	KV	HM	KA	VA
	gewöhnen	v					öhn		ge		
	& Gier	nA				ier					
	gießen	v			ß	ieß				ß<	
	gossen ®	v						oss			
	Giraffe	nK	f					aff			
	Gitter	nK						itt			
	glänzen	v	3 z					änz			ä
	Glas	nK					as			s	ä<
	glatt	j						att		t	ä<
	& Glaube(n)	nA					aub			b<	äu<
	glauben	v									
	gleich	j	ei,ch				eich			ch	
	& Glück	nA						ück		k	
	glück'lich	j									
	& Gold	nK						old		d	
	golden	j									
	Gold'fisch	nK	3								
	Gott	nN						ott		t	
	& Grab	nK					ab			b	ä<
	graben, Graben										
	Grad	nA					ad			d	
	Gras	nK					as			s	ä<
	grau	j					au				äu<
	greifen	v	ei,f				eif			f<	
	griffen	v	f					iff		f<	
	Größe	nA									
	größer	j									
	& große	j			ß		oß			ß<	
	grün	j					ün				
	grüßen	v			ß		üß			ß<	
	Grund	nA						und		d	
	& gucken	v						uck		k<	
	Gürtel	nK						ürt			
	& Gummi	nK						umm			
	gut	j					ut			t	
	Haar	nK					aar				ä<

* Ge'witter: zu Wetter

81

Häufigkeitsprofil						Stichwort	Wortart	PGK			Vokalquantität			Morphologie		
insgesamt	Kinder mündlich / schriftlich / Fehler		Erw. mündlich / schriftlich					Konson.-Häufung / spezielle Grapheme SG	s-Laute SL	langes i LI	lange Vokale LV	kurze Vokale KV	häufige Morpheme HM	konsonant. Ableitung KA	vokalische Ableitung VA
■■■		■■	& haben	v				ab		b<	
|	■	|	hast, Hast					ast		s,t	
■	|■	■	hat	v					at		
■	|■	■	hatten, -ä-	v				a/ätt		t<	ä<
|	& Hacke		nK				ack		k<	
||	■	Hälfte	nA	3 f			älf				ä
■■■	|	& hängen	v	ng			äng			ä
|		|	häuf'ig	j							
|	Hafen		nK	f		af			ä<	
|	& Hahn		nK			ahn			ä<	
||	Hai		nK		ai					
■■■	||	& halbe	j				alb		b<	
|	hallo						all			
|■|	|	Hals	nK				als		s	ä<
|■	& halt						alt			
■■■	■	■■	halten	v							
|	■	hält	v							
|	|	■	& hielten	v		iel				t<	
|	Halte'stelle		nK							
||	Hammer		nK				amm		ä<	
|	Hamster		nK	3			ams		s	
■■■	■■	& Hand	nK				and		d	ä<
|	■	handeln	v				and			
|	|	Hand'tuch	nK	3						
||	|	hart	j				art		t	ä<
|■■	Hase		nK		s	as			s<	ä<
|■|	hauen		v			au				
||	& Haufen		nK	f		auf			f<	äu<
& Haupt			nK			aup			p,t	äu<
|	|	Haupt'sache	nA	3						
■■■|	■■	& Haus	nK				aus		s	äu<
|	|	Haus'auf'gabe	nK							
|	|	Haus'frau	nK							
|	|	Haus'halt	nA							
|||	|	Haus'tür	nK							
||	Haut		nK			aut			t	äu<
||	Hebel *		nK			eb				e

* *Hebel*: zu *heben*

82

Häufigkeitsprofil						Stichwort	Problem-Profil								
	Kinder			Erw.				PGK			Vokalquantität			Morphologie	
insgesamt	mündlich	schriftlich	Fehler	mündlich	schriftlich		Wortart	Konson.-Häufung	spezielle Grapheme SG	s-Laute SL	langes i LI	lange Vokale LV	kurze Vokale KV	häufige Morpheme HM	konsonant. Ableitung KA	vokalische Ableitung VA

						Stichwort	Wortart	+		−	+ −	+ −	+ −		+ −	+ −
						& heben	v					eb			b<	e
						Heft	nK	f					eft		f,t	e
						heil	j	ei				eil				
						& Heim	nK	ei				eim				
						heim'fahren	v									
						heim'gehen	v									
						heim'kommen	v									
						heiraten	v	ei				eir			t<	
						heiß	j	ei		ß		eiß			ß	
						heißen	v	ei		ß		eiß			ß<	
						hießen	v			ß	ieß				ß<	
						& (-heit)		ei						heit		
						& heizen	v	ei,z				eiz				
						Heiz'ung	nE									
						& helfen	v	f					elf		f<	e
						& hell	j						ell			e
						hell'blau	j	3								
						hell'braun	j	3								
						Hemd	nK						emd		d	e
						& her(-)	a					er				e
						her'an(-)	a									
						her'auf(-)	a									
						& her'aus(-)	a					aus				
						heraus'gehen, r.	v									
						heraus'gucken, r.	v									
						heraus'holen, r.	v									
						h.s'kommen, r.	v									
						Herbst	nN	4					erb		s,t	b e
						Herd	nK					er			d	e
						& her'ein(-)	a	ei				ein				
						herein'gehen, r.	v									
						herein'kommen, r.	v									
						herein'stecken	v	3								
						her'kommen	v									
						& Herr	nK						err			e
						her'über	a									
						& her'um	a						um			
						herum'drehen	v									
						herum'fahren, r.	v									

Häufigkeitsprofil						Stichwort	Wortart	Problem-Profil														
								\multicolumn{5}{c}{PGK}					\multicolumn{4}{c}{Vokalquantität}				\multicolumn{3}{c}{Morphologie}
								Konson.-Häufung	spezielle Grapheme SG + -		s-Laute SL	langes i LI + -		lange Vokale LV + -		kurze Vokale KV + -		häufige Morpheme HM	konsonant. Ableitung KA + -		vokalische Ableitung VA + -
insgesamt	mündlich	schriftlich	Fehler	mündlich	schriftlich																

insgesamt	mündlich	schriftlich	Fehler	mündlich	schriftlich	Stichwort	Wortart	Konson.-Häufung	SG	SL	LI	LV	KV	HM	KA	VA
						herum'laufen, r.	v									
	▌ ▌					& her'unter	a						unt			
						herunter'fahren, r.	v									
	▌					herunter'fallen, r.	v									
						herunter'gehen, r.	v									
						h.nter'kommen, r.	v									
						h.nter'rutschen, r.	v									
						Herz	nK	3 z					erz			e
						Heu	nK					eu				eu
						heulen	v					eul				eu
▌ ▌ ▌		▌ ▌				heute *	a					eut			t<	eu
	▌					Hexe	nK		x				ex			e
▌ ▌ ▌	▌ ▌ ▌					& hier	a				ier					
	▌					hier'hin	a									
▌				▌		Hilfe	nA									
						Himmel	nK						imm			
▌ ▌ ▌		▌ ▌				& hin(-)	a						in			
		▌				& hin'auf(-)	a	f				auf				
						hinauf'gehen	v									
		▌		▌		& hin'aus(-)	a					aus				
		▌ ▌				& hin'ein(-)	a	ei				ein				
	▌ ▌					hin'fallen	v									
						hin'fliegen	v	3								
						hin'gehen	v									
	▌ ▌					hin'kommen	v									
						hin'legen	v									
						hin'setzen	v									
	▌					hin'stellen	v	3								
	▌					& hinten	a						int			
▌	▌		▌ ▌			& hinter	j,p						int			
		▌				hinter'her	a									
						hin'über	a									
						Hirsch	nK	sch					irsch			
						Hitze	nA						itz			
▌ ▌ ▌		▌ ▌				& hoch *	a	ch				och				
						hoch'gehen	v									

* *heute*: Homonym *Häute*

* *hoch*: zu *hoher*

84

Häufigkeitsprofil — Kinder (insgesamt, mündlich, schriftlich, Fehler) / Erw. (mündlich, schriftlich)

Problem-Profil — PGK (SG: spezielle Grapheme +/−; SL: s-Laute), Vokalquantität (LI: langes i +/−; LV: lange Vokale +/−; KV: kurze Vokale +/−), Morphologie (HM: häufige Morpheme; KA: konsonant. Ableitung +/−; VA: vokalische Ableitung +/−)

Stichwort	Wortart	Konson.-Häufung	SG +	SG −	SL	LI +	LI −	LV +	LV −	KV +	KV −	HM	KA +	KA −	VA +	VA −
hoch'kommen	v															
höher	j															
Höhle	nK								öhl							
& hören	v									ör						
Hös'chen	nK															
& Hof	nK		f							of						
& hoffen	v		f							off					f<	
hoffen'tlich	a	3														
Hoffn'ung	nE															
& hohe	j								oh							
& holen	v								ol							
Holz	nK	3	z							olz						
Hon'ig	nK									on		ig	g			
& Horn	nK									orn						
& Hose	nK				s				os						s<	
hübsch	j		sch							übsch						b
hüpfen	v				pf					üpf						
Hütte	nK									ütt					t<	
Huhn	nK							uhn								
& Hund	nK									und			d			
& hundert	j									und			t			
& Hunger	nA		ng							ung						
hungr'ig	j															
husten, Husten								us					s			
Hut	nK							ut					t			
ich			ch							ich			ch			
Idee	nA							ee								
& (-ieren) *						ier						ieren				
& (-ig) *										ig			g			
Igel	nK					ig										
ihm						ihm										
ihn						ihn										
ihnen, Ihnen						ihn										
ihr, Ihr						ihr										
ihre(n), Ihre(n)																
& (-ik)										ik			k			

* *-ieren*: Endung vieler Verben fremder Herkunft, Schreibung eingedeutscht
* *-ig*: Manchmal nicht sinnvoll abtrennbar. Nach Stämmen auf <l> scheinbar homonym mit *-lich*

Häufigkeitsprofil						Stichwort	Wortart	Konson.-Häufung	spezielle Grapheme	s-Laute	langes i	lange Vokale	kurze Vokale	häufige Morpheme	konsonant. Ableitung	vokalische Ableitung
	Kinder			Erw.					SG + -	SL	LI + -	LV + -	KV + -	HM	KA + -	VA + -
insgesamt	mündlich	schriftlich	Fehler	mündlich	schriftlich											
■■■■	■			■	■	im	p						im			
■■■■	■		■	■■		immer *	a						imm			
■■■	■		■■	■	& in		p						in			
						& (-in) *							in			
‖						Indianer	nK					an				
‖				‖		Industrie	nA	3			ie				s	
‖						& innen	a						inn			
‖				■		inner'halb	a									
■	‖			■		in's	p									
‖						Insel	nK			s			ins			
‖		■				interessant	j									
‖		■		■	& Interesse		nA						ess			e
‖		■				interess'ieren	v									
‖				‖		in'zwischen	a	4								
‖		■			& irgend								irg		d	
‖				‖	irgend'einer											
‖						irgend'was		3								
‖				‖	irgend'welche		3									
‖		■				irgend'wer										
‖		■		‖	irgend'wie	a	3								
‖		■		‖	irgend'wo	a	3								
						& irre(n)	v						irr			
						& (-isch)		sch									
■■‖		■■		ja						a					
‖	‖			‖	Jacke	nK						ack		k<	ä<
‖		‖				Jäger	nK									
‖						& jagen	v					ag			g<	ä<
■■■■	■■		& Jahr		nA					ahr				ä<	
‖				‖■	Jahr'hundert	nA										
‖				‖	Jahr'zehnt	nA	3									
‖				‖	Januar	nN							an			
‖			■	& je		a,p					e				e	
■■‖		■■		jeder							ed				e	
‖				■	je'doch	a										
‖					‖	jemand *							ed		d	e

* *immer*: Problem mit Getrennt- und Zusammenschreibung

* *-in*: Meist unbetont: *Freund'in*; selten betont und lang: *Benz'in*

* *jemand*: vergleiche *je*, *nie'mand*

86

Häufigkeitsprofil						Stichwort	Wortart	PGK			Vokalquantität			Morphologie		
								Konson.-Häufung	SG (spezielle Grapheme)	SL (s-Laute)	LI (langes i)	LV (lange Vokale)	KV (kurze Vokale)	HM (häufige Morpheme)	KA (konsonant. Ableitung)	VA (vokalische Ableitung)
								+	+ / -	+ / -	+ / -	+ / -	+ / -		+ / -	+ / -
				■		jener						ed				e
■ ■	■	■ ■			jetzt	a	3					etz			e
						Joghurt *	nK					og			t	
						jucken	v						uck	k<	
					Jugend	nA					ug				d
					Juli	nN					ul				
■ ■		■ ■	& jung	j	ng					ung				
■	■ ■				Junge	nK									
					Juni	nN					un				
					Käfer	nK	k,f				äf				ä
	■ ■			Käfig	nK									
					kämmen	v									
					kämpfen	v	3								
					Käse	nK	k		s		äs				ä
■ ■				Kaffee *	nK	k,f				ee	aff		f<	ä<
					Kakao	nK	k	ao			ao				
					kalt	j	k					alt		t	ä<
				& Kamm	nK	k					amm			ä<
				& Kampf	nA	k	pf				amp			ä<
	■			Kanin'chen	nK	k,ch				in		chen		
					Kanne	nK	k					ann			ä<
					kap'ieren	v	k			ier					
					Kapitän	nK	k				än				ä
■	■	■		kaputt	j	k					utt		t	
					Kapuze	nK	k,z				uz				
					kar'iert	j	k			ier					
					Karte	nK	k					art		t<	ä<
					Kartoffel	nK	k,f					off			
					Kasper(l,le)	nN	k					asp		s	
				& Kasten	nK	k					ast		s,t<	ä<
					Kater	nK	k				at				
■ ■				Katze	nK	k					atz			ä<
				& kauen	v	k				aue				äu<
■ ■	■		& kaufen	v	k,f				auf			f<	äu<
					Kau'gummi	nK									
■		■	kaum	a	k				aum				

* *Joghurt*: fremdsprachlich <gh>; auch *Jogurt* ®
* *Kaffee*: je nach Betonung verschiedene Ausnahme

87

Häufig-keits-profil						Stichwort	Wortart	Problem-Profil									
insgesamt	Kinder mündlich	Kinder schriftlich	Fehler	Erw. mündlich	Erw. schriftlich			Konson.-Häufung	SG (spezielle Grapheme)	SL (s-Laute)	LI (langes i)	LV (lange Vokale)	KV (kurze Vokale)	HM (häufige Morpheme)	KA (konsonant. Ableitung)	VA (vokalische Ableitung)
						& kehren	v	k					ehr			e
■				■	& keiner			k,ei				ein				
						& (-keit)			k,ei					keit		
						Keller	nK	k					ell			e
■	■			■	& kennen	v		k					enn			e
		■			& kannten	v		k					ann		t<	
	■				kennen lernen ®	v										
				■	Kerl	nK		k					erl			e
					Kerze	nK	3 k,z					erz			e
■					Kette	nK	k					ett		t<	e
					& Kilo	nA	k			il					
					Kilo'meter	nA									
■ ■	■	■ ■	& Kind	nK		k					ind		d	
■					Kinder'garten	nK									
					Kinn	nK	k					inn			
					Kino	nK	k			in					
					& kippen	v	k					ipp		p<	
■			■	Kirche	nK		k,ch					irch		ch<	
					Kirsche	nK	k,sch					irsch			
					& Kissen ®	nK	k					iss			
					Kiste	nK	k					ist		s,t<	
					kitzeln	v	k					itz			
					klagen	v	k				ag			g<	ä<
					klappen	v	k					app		p<	
					klappern	v	k					app			
■			■ ■	& klar	j		k				ar				ä<
■ ■ ■			Klasse ®	nK		k				ass				ä<
					klauen	v	k				aue				
					kleben	v	k				eb			b<	e
					& Klee	nK	k				ee				
					Klee'blatt	nK									
■ ■			& Kleid	nK		k,ei				eid			d	
■ ■ ■ ■	■ ■	klein	j		k,ei				ein				
■					klettern	v	k					ett			e
					klingeln	v									
					& klingen	v	k,ng					ing			
					Klo	nK	k				o				
					klopfen	v	k	pf			opf				
					klug	j	k				ug			g	

88

Häufig-keits-profil						Stichwort	Wortart	Problem-Profil												
	Kinder		Erw.					PGK			Vokalquantität						Morphologie			
insgesamt	mündlich	schriftlich	Fehler	mündlich	schriftlich			Konson.-Häufung	spezielle Grapheme SG	s-Laute SL	langes i LI	lange Vokale LV		kurze Vokale KV		häufige Morpheme HM	konsonant. Ableitung KA		vokalische Ableitung VA	
									+	-	+	-	+	-	+	-		+	-	+	-
						knabbern	v	k							abb						
						knallen	v	k							all						
						Knecht	nK	k,ch							ech			ch,t	e		
						kneifen	v	k,ei,f				eif						f<			
						kniffen	v	k,f							iff						
	■					Knie	nK	k			ie										
						Knochen	nK	k,ch							och						
						Knopf	nK	k	pf						opf						
						Knoten	nK	k					ot								
■		■				& kochen	v	ch							och						
						Koch'löffel	nK														
■		■			■	& König	nK	k					ön					ig	g		
						König'in	nK														
■	■	■	■	■	■	können	v	k							önn						
			■			kann	v	k							ann						
			■			konnten	v	k							onn			t<			
					■	Körper	nK	k							örp						
						Koffer	nK	k,f							off						
		■				kom'isch	j														
■	■	■	■		■	& kommen	v	k							omm						
■			■	■	■	& kamen	v	k				am								ä<	
			■			kommt	v														
						Konzert	nA	3 k,z							ert			t	e		
■	■ ■			■ ■		& Kopf	nK	k	pf						opf						
						Kopf'kissen	nK	3													
						Korb	nK	k							orb			b			
						Korn	nK	k							orn						
■			■			kosten	v	k							ost			s,t<			
						krabbeln	v	k							abb						
						& Krach	nA	k,ch							ach					ä<	
						krachen	v														
				■		Kraft	nA	k,f							aft			f,t		ä<	
						Kragen	nK	k					ag					g<		ä<	
						Kralle	nK	k							all						
	■					& krank	j	k,nk							ank			k		ä<	
	■					Kranken'haus	nK														
						Kranken'wagen	nK														
						Krank'heit	nE	3													
	■					kratzen	v	k							atz					ä<	

89

Häufigkeitsprofil	Stichwort	Wortart	Konson.-Häufung	SG +/- (spezielle Grapheme)	SL (s-Laute)	LI +/- (langes i)	LV +/- (lange Vokale)	KV +/- (kurze Vokale)	HM (häufige Morpheme)	KA +/- (konsonant. Ableitung)	VA +/- (vokalische Ableitung)
	Kreide	nK		k,ei			eid				
	Kreis	nK		k,ei			eis			s	
	kriechen	v		k,ch		iech				ch<	
	& Krieg	nA		k		ieg				g	
	kriegen	v		k		ieg				g<	
	& Kröte	nK		k			öt				
	Krokodil	nK		k		il					
	Krone	nK		k			on				
	krumm	j		k				umm			
	Kuchen	nK		k,ch			uch				
	kucken → gucken	v									
	Kuckuck *	nK		k				uck	k		
	Küche	nK		k,ch				üch			
	& kühl	j		k			ühl				
	Kühl'schrank	nK	3								
	Künstler *	nK	4								
	Kugel	nK		k			ug				
	Kuh	nK		k			uh				
	& Kunst	nA		k				uns		s,t	
	Kurve	nK		k	v			urv		v<	
	kurz	j	3	k,z				urz			
	Kuss ®	nA		k				uss			
	& lachen	v		ch				ach			ä<
	& laden, Laden						ad			d<	ä<
	lächeln	v		ch				äch			ä
	läuten *	v									
	lahm	j					ahm				ä<
	Lampe	nK						amp		p<	ä<
	& Land	nK						and		d	ä<
	Land'wirt'schaft	nE	3!								
	& lang(e)	j		ng				ang			ä<
	lang'sam	j									
	lang'weil'ig	j									
	& Lappen	nK						app		p<	ä<
	& lassen ®	v						ass			ä<

* *Kuckuck*: zweimal <ck>, obwohl nur eine Silbe betont

* *Künstler*: auch *Künst'ler*

* *läuten*: Homonym *Leuten*

90

Häufigkeitsprofil						Stichwort	Wortart	Konson.-Häufung	SG	SL	LI	LV	KV	HM	KA	VA
						lässt ®	v						äss		s,t	ä
						ließen	v			ß	ieß				ß<	
						& Last	nK						ast		s,t	ä<
						Last'wagen	nK	3								
						& Lauf	nA	f				auf				äu<
						laufen	v									
						liefen	v	f			ief				f<	
						& laut	j					auf			t	äu<
						lauter										
						& leben, Leben	v					eb			b<	e
						& lecker	j						eck		k<	e
						leer	j					eer				
						& legen	v					eg			g<	e
						Lehrer	nK									
						& leicht	j	ei,ch				eich			ch,t	
						& leiden	v	ei				eid			d<	
						litten	v						itt		t<	
						leider	a									
						leihen	v	ei				eih				
						liehen	v				ieh					
						& (-lein)		ei						lein		
						Leine	nK	ei				ein				
						leise	j	ei		s		eis			s<	
						leisten	v	ei				eis			s	
						Leiter	nK	ei				eit				
						& lernen	v						ern			e
						Lese'buch	nK									
						& lesen	v			s		es			s<	e
						lasen	v									
						liest	v				ies				s,t	
						Leser	nK									
						& letzte	j	3					etz		t<	e
						leuchten	v	ch				euch			ch,t<	eu
						Leute	nK					eut			t<	eu
						& (-lich) *		ch						lich	ch	
						Licht	nA	ch					ich		ch,t	
						& lieb	j				ieb				b	

* -lich: vergleiche: -ig

91

Häufigkeitsprofil						Stichwort	Wortart	PGK			Vokalquantität					Morphologie				
insgesamt	mündlich	schriftlich	Fehler	mündlich	schriftlich			Konson.-Häufung	spezielle Grapheme SG + -	s-Laute SL	langes i LI + -	lange Vokale LV + -	kurze Vokale KV + -			häufige Morpheme HM	konsonant. Ableitung KA + -		vokalische Ableitung VA + -	
						Liebe	nA													
						Lied	nA				ied						d			
■ ■ ■			■ ■			liegen	v				ieg						g<			
■			■			lagen	v													
						lila	j				il									
						Lineal *	nK				al									
						Lin'ie	nK				in									
						& linke	j	nk						ink			k<			
	■					link's	a	3												
						Lippe	nK							ipp			p<			
■	■ ■					Loch	nK	ch						och						
						& Löffel	nK	f						öff						
						lösen	v													
	■ ■					& Löwe	nK					öw								
						& Lohn	nA					ohn								
■			■ ■			& los	j					os					s			
						los'fahren	v													
						los'gehen	v													
	■	■				los'lassen ®	v													
						& lügen	v					üg					g<			
■	■ ■					& Luft	nK	f						uft			f,t			
						Luft'ballon *	nK	3												
						& Lust	nA							ust			s,t			
	■					lust'ig	j													
						lutschen	v	sch						utsch						
■ ■ ■			■ ■			& machen	v	ch						ach						
						mächt'ig	j													
■ ■ ■			■			Mäd'chen	nK	ch				äd					chen	d		ä
						mähen	v					äh								ä
						Mär'chen	nA	ch				är					chen			ä
						März	nN	3 z						ärz						ä
						Mai	nN					ai								
■ ■ ■			■ ■			& mal	a					al								
		■				Mal	nA					al								
						malen	v													
						Maler	nK													

* *Lineal*: zu *Linie*

* *Luft'ballon*: *Ballon* auch zu *Ball*

92

Häufigkeitsprofil						Stichwort	Wortart	Problem-Profil															
									PGK			Vokalquantität						Morphologie					
	Kinder			Erw.				Konson.-Häufung	spezielle Grapheme		s-Laute	langes i		lange Vokale		kurze Vokale		häufige Morpheme	konsonant. Ableitung		vokalische Ableitung	
insgesamt	mündlich	schriftlich	Fehler	mündlich	schriftlich				SG		SL	LI		LV		KV		HM	KA		VA	
								+	+	-		+	-	+	-	+	-		+	-	+	-
▮ ▮					▮	Mama, Mami *	nN									am						
▮ ▮	▮		▮ ▮	▮		man *										an						
			▮		▮	& mancher	j		ch							anch			ch<			
▮	▮			▮	▮	manch'mal	a	3														
▮ ▮	▮			▮	▮	& Mann *	nK									ann					ä<	
						& Mantel	nK									ant					ä<	
						Margarine	nK						in									
▮				▮	▮	Mark(e)	nK		k							ark					ä<	
						Markt	nK	3	k							ark			k,t		ä<	
						Marmelade	nK							ad				d<			ä<	
▮				▮		Maschine	nK		sch				in									
						Masse	nK									ass						
						Mathemat'ik *	nA		k		th		ik						ik				
						Mauer	nK							aue							äu<	
▮			▮ ▮			Maus	nK							aus						s		äu<	
						& Meer *	nK								eer								
						Meer'schw.'n'chen	nK	3															
						Mehl	nK								ehl					e			
▮			▮		▮	& mehr *	a								ehr					e			
					▮	mehrere	j														e		
▮ ▮		▮		▮	▮	mein			ei					ein									
▮ ▮	▮			▮	▮	& meinen			ei					ein									
				▮	▮	Mein'ung	nE															
▮		▮			▮	meiste(ns)	j		ei					eis					s,t<			
						Meister	nK		ei					eis					s			
						melden	v										eld			d<		e	
						Menge	nA		ng						eng					e		
▮	▮		▮ ▮			Mensch	nK		sch						ensch					e		
▮	▮ ▮			▮		merken	v		k						erk			k<		e	
						messen ®	v								ess					e		
	▮					Messer	nK								ess					e		
▮	▮			▮	▮	& Meter	nA							et							e	
						Metzger	nK	3							etz					e		
▮ ▮	▮			▮	▮	mich			ch						ich			ch			

* *Mama, Mami*: irregulär bei Betonung der ersten Silbe und kurzem Vokal

* *man/Mann*: Homonyme

* *Mathemat'ik*: <i> auch kurz gesprochen

* *Meer/mehr*: Homonyme

Alphabetische Orientierungsliste

93

Häufigkeitsprofil						Stichwort	Wortart	Problem-Profil											
									PGK			Vokalquantität					Morphologie		
	Kinder			Erw.				Konson.-Häufung	spezielle Grapheme	s-Laute	langes i		lange Vokale		kurze Vokale		häufige Morpheme	konsonant. Ableitung		vokalische Ableitung
insgesamt	mündlich	schriftlich	Fehler	mündlich	schriftlich				SG + −	SL	LI + −		LV + −		KV + −		HM	KA + −		VA + −
						Mikrofon *	nK	k,f												
						Milch	nK		ch						ilch			ch		
						Milliarde	nA								ard	ill				
						Million	nA						on			ill				
						Minute	nA						ut						t<		
						mir					ir										
						mischen	v		sch						isch					
						Mist	nK								ist			s,t		
						& mit(-)	a,p									it				
						mit'bringen	v	3												
						mit'einander	a													
						mit'gehen	v													
						mit'machen	v													
						mit'nehmen	v													
						& Mittag *	nN								itt			t,g		
						Mittag'essen	nK													
						mittag's	a													
						& Mitte	nA								itt			t<		
						Mittel	nK													
						mitten	a													
						Mitt'woch	nN													
						modern	j								ern					e
						& mögen	v						ög					g<		
						mochten, -ö-	v	ch					o/ö							
						mög'lich	j													
						Mög'lich'keit	nE													
						Moment	nA								ent			t		e
						Monat	nA						on					t		
						Mond	nN						on					d		
						Mon'tag	nN						on							
						& morgen, M.									org					
						morgen's	a													
						& Motor *	nK						ot							
						Motor'rad	nK													
						Mücke	nK								ück			k<		

* *Mikrofon*: zwei Betonungen
* *Mittag*: eigentlich *Mitt'tag*
* *Motor*: zwei Betonungen

94

Häufigkeitsprofil		Stichwort	Wortart	Problem-Profil: PGK			Vokalquantität			Morphologie		
Kinder / Erw.				Konson.-Häufung	SG (spezielle Grapheme)	SL (s-Laute)	LI (langes i)	LV (lange Vokale)	KV (kurze Vokale)	HM (häufige Morpheme)	KA (konsonant. Ableitung)	VA (vokalische Ableitung)
		müde	j					üd			d<	
		Mühe	nA					üh				
		& Müll	nK						üll			
		Müll'eimer	nK									
		müssen ®	v						üss			
		musst ®	v						uss		s,t	
		Mütze	nK						ütz			
		Mund	nK						und		d	
		Mus'ik	nA	k			ik			ik		
		& Mut	nA					ut			t	
		Mutter, Mutti	nN						utt		t<	
		na						a				
		& nach(-) *	a,p	ch				ach				ä<
		Nachbar	nK	ch					ach			
		nach'dem	a									
		nach'her	a									
		nach'laufen	v									
		nach'machen	v									
		Nach'mittag	nN									
		& Nacht	nN	ch					ach		t	ä<
		nacht's	a	3								
		nackt *	j						ack		k,t	
		nächste *	j	3 ch				äch			s,t<	ä
		Nähe	nA									
		nähen	v					äh				ä
		näm'lich *	a									
		Nagel	nK					ag				ä<
		& nah(e)	j					ah				ä<
		& Name	nA					am				ä<
		Nase	nK			s		as			s<	ä<
		nass ®	j						ass			ä<
		natür'lich	j									
		& Natur	nA					ur				
		& neben	p					eb				e

* *nach*: in Zusammensetzungen auch kurzes <a>

* *nackt*: irreguläres <ck>, weil ursprünglich *nackend*

* *nächste*: Hochlautung nur *ch-s*, umgangssprachlich auch *k-s* gesprochen

* *nämlich*: zu *Name*

95

Häufig-keits-profil						Stichwort		Problem-Profil								
									PGK		Vokalquantität			Morphologie		
insgesamt	mündlich	schriftlich	Fehler	mündlich	schriftlich		Wortart	Konson.-Häufung	spezielle Grapheme SG	s-Laute SL	langes i LI	lange Vokale LV	kurze Vokale KV	häufige Morpheme HM	konsonant. Ableitung KA	vokalische Ableitung VA
	Kinder			Erw.				+		-	+ -	+ -	+ -		+ -	+ -
██ █ │ █ █ █						& nehmen	v					ehm				e
│				█		& ge'nommen	v						omm	ge		
│		█	│			& nahmen	v					ahm				ä<
█	│ █	█	│			nimmt	v						imm			
█ │ │			█ │			nein		ei			ein					
│		│				Nelke	nK	k					elk			e
█ │ █ │			│ █			nennen	v						enn			e
│			█			nannten	v						ann		t<	
│ █ │						Nest	nK						est		s,t	e
│ │ █						nett	j						ett		t	e
█ █ █ █ █						& neu	j				eu					eu
│						neu'gier'ig	j									
│ │ │					& neun	j				eu					eu
│						neun'zehn	j	3								
│						neun'zig	j	3								
█ │ █ █ █ █						& nicht		ch					ich		ch,t	
█ █ │ █ █ █						nicht's		3								
█ █ │ │ █ █						& nie	a				ie					
│						nieder	j				ied					
│ │					nied'lich *	j	ch			ied			lich	ch d	
│ █					nie'mals	a									
│ █					niemand *	a				ie				d	
│ █					nirgend'wo *	a	3								
│					& (-nis) *								nis		
█ █ │ █ █					& noch	a	ch					och			
│ █ │				noch mal										
│					nöt'ig	j									
						Norden	nA						ord		d<	
│ │ │				normal	j					al				
│					& Not	nA					ot			t	
│ █					not'wend'ig	j									
│					November *	nN	v					emb			e
│ █					Null	nA						ull			

* *nied'lich*: *nied* kommt nicht alleine vor

* *niemand*: vergleiche *jemand*

* *nirgend'wo*: *nirgend* zu *irgend*

* *nis*: Mehrzahl irregulär *-nisse*

* *November*: fremdsprachlich <v> statt <w>

96

Table: Häufigkeitsprofil / Problem-Profil

Stichwort	Wortart	Konson.-Häufung	SG	SL	LI	LV	KV	HM	KA	VA
Nummer	nA						umm			
nun	a					un				
nur	a					ur				
Nuss ®	nK						uss			
& Nutzen	nA						utz			
& ob							ob		b	
oben	a					ob				
Obst	nK	3				ob			s,t	b
ob'wohl										
oder						od				
öffnen *	v						öff			
Ofen	nK	f				of			f<	
offen	j	f					off		f<	
oft	a	f					oft		f,t	
ohne	p					ohn				
oho						o				
& Ohr	nK					ohr				
Ohr'feige	nA									
Oktober	nN	k				ob				
Oma, Omi	nN					om				
Onkel	nK	nk					onk			
Opa, Opi	nN					op				
orange	j	ng	nge							
Orange	nK	ng								
& ordnen	v	3					ord			
Ordn'ung	nE	3								
Ort	nK						ort		t	
Osten	nA						ost		s,t<	
Ostern	nN					os			s	
paar, Paar	nK					aar				ä<
packen	v						ack		k<	ä<
Paket	nK	k				et			t	e
Papa, Papi *	nN							ap		
Papier	nK				ier					
parken	v	k					ark		k<	
& passen ®	v						ass			ä<

* *öffnen*: zu *offen*

* *Papa*, *Papi*: irregulär bei Betonung der ersten Silbe und kurzem Vokal

Alphabetische Orientierungsliste

97

Häufigkeitsprofil						Stichwort	Wortart	PGK				Vokalquantität						Morphologie				
insgesamt	mündlich	schriftlich	Fehler	mündlich	schriftlich			Konson.-Häufung	spezielle Grapheme SG +	-	s-Laute SL	langes i LI +	-	lange Vokale LV +	-	kurze Vokale KV +	-	häufige Morpheme HM	konsonant. Ableitung KA +	-	vokalische Ableitung VA +	-
∎ ∎ ∎			∎			pass'ieren *	v														
						& Paste	nK									ast			s		
						Pause	nA				s		aus						s<		äu<
						Pech	nA	ch								ech			ch		e
						peng(peng)		ng								eng					e
						persön'lich	j														
			∎			& Person	nK				s		on								
						Pfanne	nK			pf						ann					ä<
						Pfarrer	nK			pf						arr					
						pfeifen	v	ei,f		pf			eif						f<		
						pfiffen	v	f		pf						iff					
						Pfennig	nK			pf						enn		ig	g		e
∎ ∎ ∎			∎			Pferd	nK			pf			er						d		e
						pflanzen, Pf.		3! z		pf						anz					ä<
						Pflaster	nK	3		pf						ast			s		ä<
						pflegen	v	3		pf			eg						g<		e
						pflücken	v	3		pf						ück			k<		
						pflügen	v	3													
						& Pflug	nK	3		pf			ug						g		
						pfui				pf			ui								
						Pfund	nA			pf						und			d		
						piepen	v						iep						p<		
						Pilz	nK	3 z								ilz					
						Pipi *	nK											ip			
						Pistole	nK						ol						s		
						Plätz'chen	nK	3													
						Plan	nK						an								ä<
						Plast'ik	nK	k								ast		ik	s,t<		
						& Platte	nK									att			t<		ä<
∎		∎ ∎	∎ ∎			& Platz	nK									atz					ä<
						platzen	v														
∎		∎	∎	∎		plötz'lich	j	3								ötz		lich			
∎						& Poliz'ei	nK	z,ei					ei								
						Poliz'ist	nK														
						Pony	nK											on			
						Post	nK									ost			s,t		

* *pass'ieren*: Fremdwort; zu *passen*
* *Pipi*: wie *Papa/i*

98

Häufig-keits-profil						Stichwort	Wortart	Problem-Profil											
									PGK			Vokalquantität						Morphologie		
	Kinder			Erw.				Konson.-Häufung	spezielle Grapheme	s-Laute	langes i		lange Vokale		kurze Vokale		häufige Morpheme	konsonant. Ableitung		vokalische Ableitung
insgesamt	mündlich	schriftlich	Fehler	mündlich	schriftlich				+ SG -	SL	+ LI -		+ LV -		+ KV -		HM	+ KA -		+ VA -
						Po(po) *	nK					o								
						prakt'isch *	j		k,sch					akt			isch	k		
						Preis	nA		ei				eis					s		
						prima	j				im									
						& Prinz	nK	3	z						inz					
						Prinz'ess'in ®	nK	3												
						& prob'ieren	v				ier									
						Problem	nA						em							e
						Programm	nA								amm				ä<	
						Pudding	nK		ng					udd						
						Pulli	nK							ull						
						Pullover *	nK			v			ov			ull				
						Punkt	nK		nk					unk				k,t		
						& Puppe	nK							upp				p<		
						Puppen'wagen	nK													
						purzeln	v	3	z					urz						
						pusten	v					us						s		
						putzen	v							utz						
						Quark	nK		k	qu			ark							
						Quatsch	nA		sch	qu			atsch							
						quer	a			qu		er								e
						Rabe	nK					ab								
						& Rad	nK					ad						d	ä<	
						Radio	nK					ad								
						Räuber	nK													
						Rand	nK							and				d	ä<	
						Ranzen	nK	3	z					anz					ä<	
						rasch	j		sch					asch						
						Rasen	nK			s		as								
						ras'ieren	v				ier									
						& raten	v					as						t<	ä<	
						rieten	v				iet							t<		
						& rauben	v						aub					b<	äu<	
						& Rauch	nK		ch				auch						äu<	
						rauchen	v													

* *Po(po)*: wie *Papa/i*

* *prak'tisch*: zu *Praxis*

* *Pullover*: Fremdwort: <v> statt <w>

Alphabetische Orientierungsliste

99

Stichwort	Wortart	Konson.-Häufung	SG +	SG -	SL	LI +	LI -	LV +	LV -	KV +	KV -	HM	KA +	KA -	VA +	VA -
rauf → her'auf	a															
& Raum	nK							aum								äu<
Raupe	nK							aup					p<			äu<
raus → her'aus	a															
& rauschen	v		sch					ausch								äu<
rechnen	v		ch							ech			ch		e	
& recht	j		ch							ech			ch,t		e	
Recht	nA															
recht's	a	3														
reden	v							ed							e	
& Regen	nK							eg							e	
regnen	v															
Reh	nK									eh					e	
& reich	j		ei,ch					eich					ch			
reichen	v															
Reihe	nA		ei						eih							
rein	j		ei					ein								
rein → her'ein	a															
Reis	nK		ei					eis					s			
& Reise	nA		ei		s			eis					s<			
reisen	v															
& reißen	v		ei		ß			eiß					ß<			
rissen ®	v									iss						
R.ß'ver'schluss ®	nK	3														
reiten	v		ei					eit					t<			
ritten	v									itt			t<			
& rennen	v									enn					e	
rannten	v									ann			t<			
Rest	nA									est			t		e	
retten	v									ett					e	
& richten	v		ch							ich			ch,t<			
Richter	nK															
richt'ig	j															
Richt'ung	nE															
riechen	v		ch			iech							ch<			
Riese	nK				s	ies										
& Ring	nK		ng							ing						
Rock	nK									ock			k			
& Rolle	nK									oll						

100

Häufigkeits-profil						Stichwort	Wortart	Problem-Profil												
									PGK			Vokalquantität						Morphologie		
insgesamt	mündlich	schriftlich	Fehler	mündlich	schriftlich			Konson.-Häufung	spezielle Grapheme	s-Laute	langes i	lange Vokale		kurze Vokale		häufige Morpheme	konsonant. Ableitung		vokalische Ableitung	
	Kinder			Erw.					SG	SL	LI	LV		KV		HM	KA		VA	
									+	-	+ -	+	-	+	-		+	-	+	-
| | |						rollen	v													
|		|				Roller	nK													
|		|				Roll'schuh	nK													
| | |						rosa	j			s		os								
| |		|			Rose	nK			s		os					s<			
■ ■ ■		| |			rot	j					ot					t			
| |					Ruck'sack	nK													
| ■ |				& rücken, R.									ück		k<			
| |					rück'wärt's	a	3												
|						rühren	v						ühr							
■ ■ ■ ■		|		& rufen	v	f					uf					f<			
|	| ■				riefen	v	f			ief						f<			
■ |	■	|		& Ruhe	nA						uh							
■ | | | |				ruh'ig	j													
| ■ |		|		& rund	j							und			d			
|						Runde	nK													
						runter → her'unter	a													
| |					Rutsch'bahn	nK	3												
| | |				& rutschen	v		sch					utsch						
■ ■ ■ ■ ■ ■				& Sache	nA		ch					ach					ä<	
|						& Sack	nK							ack			k		ä<	
|		|			säen	v					ä								ä
|						sägen	v					äg					g<			
| |					& Saft	nK	f						aft			f,t		ä<	
■ ■ ■ |	■ ■			sagen	v					ag					g<			
| |					Salat	nK							at			t		ä<	
| | |				Salz	nK	3	z					alz						
						& (-sam) *										sam				
|	|	|		sammeln *	v							amm						
| |		|		Sams'tag	nN							ams			s			
| ■ |				& Sand	nK							and			d			
| |					Sand'kasten	nK	3												
| |					satt	j							att			t		ä<	
|		■			Satz	nA							atz					ä<	
| | |	■			sauber	j						aub						äu<	
| |					saufen	v	f					auf					f<	äu<	

* -sam: auch kurz gesprochenes <a>; vergleiche: *sammeln, zu'sammen*

* *sammeln*: vergleiche -sam

101

Stichwort	Wortart	Konson.-Häufung	SG +	SG –	SL	LI +	LV +	KV +	HM	KA +	VA +
soffen	v		f					off		f<	
sausen	v				s		aus			s<	äu<
Schachtel	nK		sch,ch					ach			ä<
schade			sch				ad			d<	ä<
Schäfer'hund	nK										
& Schaf	nK		sch,f				af				ä<
schaffen	v		sch,f					aff		f<	
schufen	v		sch,f				uf			f<	
& (-schaft)			sch,f						schaft f		
Schal	nK		sch				al				
Schall'platte	nK	3									
scharf	j		sch,f					arf	f		ä<
& schauen	v		sch				aue				
Schaufel	nK		sch,f				auf				äu<
& Schaukel	nK		sch,k				auk				äu<
schaukeln	v										
Schaum	nK		sch				aum				äu<
Scheibe	nK		sch,ei				eib			b<	
& scheinen	v		sch,ei				ein				
schienen	v		sch			ien					
& schenken	v		sch,nk					enk		k<	e
Scherbe	nK		sch					erb		b<	e
Schere	nK		sch				er				e
schicken	v		sch					ick		k<	
schieben	v		sch			ieb				b<	
schoben	v		sch				ob			b<	
schief	j		sch,f			ief					
Schiene	nK		sch			ien					
Schiff	nK		sch,f					iff			
& Schild	nK		sch					ild		d	
Schild'kröte	nK	4									
schimpfen	v	3	sch	pf				imp			
schlachten	v		sch					ach		t<	ä<
& schlafen	v		sch,f				af			f<	ä<
schliefen	v		sch,f			ief				f<	
& schlagen	v		sch				ag			g<	ä<
Schlange	nK		sch,ng					ang			ä<
schlank	j		sch,nk					ank		k	
schlau	j		sch				au				äu<

102

Häufigkeitsprofil	Stichwort	Wortart	Konson.-Häufung	SG (spez. Grapheme)	SL (s-Laute)	LI (langes i)	LV (lange Vokale)	KV (kurze Vokale)	HM (häufige Morpheme)	KA (konsonant. Ableitung)	VA (vokalische Ableitung)
	Schlauch	nK		sch,ch			auch				äu<
	schlecht	j		sch,ch				ech		ch,t	e
	schleichen	v		sch,ei,ch			eich			ch<	
	schlichen	v		sch,ch				ich		ch<	
	Schleife	nK		sch,ei,f			eif			f<	
	schleppen	v		sch				epp		p<	e
	schleudern	v		sch			eud				eu
	& schließen	v		sch	ß	ieß				ß<	
	schlossen ®	v									
	schließ'lich	a									
	schlimm	j		sch				imm			
	Schlitten	nK		sch				itt			
	& Schloss ®	nK		sch				oss			
	schlucken	v		sch				uck		k<	
	Schlüssel	nK		sch				üss			
	& Schluss ®	nA		sch				uss			
	& schmecken	v		sch				eck		k<	e
	schmeißen	v		sch,ei	ß		eiß			ß<	
	schmissen	v		sch				iss			
	schmelzen	v	3	sch,z				elz			e
	Schmetter'ling	nE		sch,ng				ett	ling		e
	schmieren	v		sch		ier					
	& Schmutz	nK		sch				utz			
	schmutz'ig	j									
	Schnabel	nK		sch			ab				ä<
	schnappen	v		sch				app		p<	
	Schnecke	nK		sch				eck		k<	e
	& Schnee	nK		sch			ee				
	Schnee'mann	nK									
	& schneiden	v		sch,ei			eid			d<	
	schnitten	v		sch				itt		t<	
	schnell	j		sch				ell			e
	Schnur	nK		sch			ur				
	schön	j		sch			ön				
	Schokolade	nK		sch,k			ad			d<	ä<
	schon	a		sch				on			
	Schramme	nK		sch				amm			ä<
	& Schrank	nK		sch,nk				ank		k	ä<
	Schraube	nK		sch			aub			b<	äu<

103

Häufig-keits-profil						Stichwort	Wortart	Problem-Profil											
									PGK			Vokalquantität						Morphologie		
	Kinder		Erw.					Konson.-Häufung	spezielle Grapheme		s-Laute	langes i		lange Vokale		kurze Vokale		häufige Morpheme	konsonant. Ableitung		vokalische Ableitung
insgesamt	mündlich	schriftlich	Fehler	mündlich	schriftlich				SG		SL	LI		LV		KV		HM	KA		VA
								+		-		+	-	+	-	+	-		+	-	+	-
			▮			& Schreck	nA		sch							eck			k		e	
			▮			schreck'lich	j															
▮			▮	▮		& schreiben	v		sch,ei					eib					b<			
			▮			schrieben	v		sch			ieb							b<			
▮	▮	▮	▮			& schreien	v		sch,ei					eie								
			▮			schrie	v		sch			ie										
						Schrift	nK		sch,f							ift			f,t			
▮			▮			Schritt	nA		sch							itt			t			
						Schüler	nK															
						schütteln	v		sch							ütt						
▮	▮	▮		▮		& Schuh	nK		sch						uh							
						Schul'arbeit(en)	nA															
▮	▮	▮		▮	▮	& Schule	nK		sch					ul								
						Schul'jahr	nA															
						Schulter	nK		sch							ult						
						Schuss ®	nA		sch							uss						
						& Schutz	nA		sch							utz						
						Schutz'mann	nK	3														
						schwach	j		sch,ch							ach				ä<		
						Schwanz	nK	3	sch,z							anz				ä<		
▮		▮	▮			schwarz	j	3	sch,z							arz				ä<		
						schweigen	v		sch,ei					eig					g<			
						schwiegen	v		sch			ieg							g<			
	▮					& Schwein	nK		sch,ei					ein								
▮			▮	▮		schwer	j		sch					er							e	
▮	▮	▮		▮		Schwester	nK		sch							est			s		e	
						& schwier'ig	j		sch			ier						ig	g			
						Schwier'ig'keit	nE															
	▮	▮				schwimmen	v		sch							imm						
						schwitzen	v		sch							itz						
▮	▮			▮		& sechs *	j			chs						echs			s		e	
						sech'zehn	j	3														
						sech'zig	j	3														
▮		▮				See	nK								ee							
▮	▮		▮	▮		& sehen	v								eh						e	
		▮				sahen	v								ah					ä<		
▮		▮		▮		sieht	v						ieh									

* *sechs*: in Zusammensetzungen ohne <s>

104

Häufigkeitsprofil						Stichwort	Wortart	Problem-Profil									
								PGK			Vokalquantität					Morphologie		
insgesamt	Kinder		Erw.				Konson.-Häufung	spezielle Grapheme	s-Laute	langes i	lange Vokale		kurze Vokale		häufige Morpheme	konsonant. Ableitung		vokalische Ableitung
	mündlich	schriftlich	Fehler mündlich	schriftlich				+ SG -	SL	LI + -	+ LV -		+ KV -		HM	KA + -		VA + -
▮ ▮			▮		sehr	a						ehr					e
▮	▮			▮		Seife	nK	ei,f			eif					f<		
▮	▮	▮				Seil	nK	ei			eil							
▮ ▮		▮	▮ ▮		sein	j	ei			ein							
▮▮ ▮		▮ ▮		sein	v	ei			ein							
▮ ▮			▮		bin	v						in					
▮ ▮			▮		bist	v						ist			s,t		
▮			▮		ge'wesen	v											
▮ ▮ ▮			▮		ist	v						ist			s,t		
▮ ▮			▮		seid *	v	ei			eid							d
▮ ▮ ▮			▮		sind	v						ind					d
▮ ▮ ▮	▮		▮		waren, -ä- *	v					a/ä							ä<
▮		▮ ▮		seit *		ei			eit					t		
▮▮ ▮ ▮	▮			Seite	nK	ei			eit					t<		
▮ ▮			▮	& selber							elb					e
▮ ▮			▮ ▮	selbst		4					elb					
▮		▮		selbst'ständ'ig * ®	j	4										
▮			▮ ▮	selten	j						elt					e
▮				senden	v						end			d<		e
				sandten	v						and			dt		
				September	nN						emb					e
▮	▮	▮		Sessel *	nK											
▮▮▮		▮ ▮		& setzen	v						etz					e
▮ ▮ ▮		▮ ▮		sich		ch					ich			ch		
▮			▮ ▮	sicher	j	ch					ich					
		▮		& Sicht	nA	ch		s			ich			ch,t		
▮ ▮ ▮ ▮		▮ ▮		sie					ie							
▮		▮ ▮		Sie					ie							
▮ ▮			▮	& sieben *	j				ieb					b<		
▮				sieb'zehn	j	3										
				sieb'zig	j	3										
▮ ▮				silbern	j						ilb					
▮ ▮ ▮		▮		singen	v	ng					ing					

* *seid/seit*: Homonyme
* *waren/wahren*: Homonyme
* *selbst'ständ'ig*: auch: *selb'ständ'ig*
* *Sessel*: zu *ge'sessen*
* *sieben*: in Zusammensetzungen auch kurz gesprochenes <i>

105

						Häufig-keits-profil Kinder/Erw.	Stichwort	Wortart	Konson.-Häufung	SG spezielle Grapheme + -	SL s-Laute	LI langes i + -	LV lange Vokale + -	KV kurze Vokale + -	HM häufige Morpheme	KA konsonant. Ableitung + -	VA vokalische Ableitung + -
							Sinn	nA						inn			
						& Sittich	nK		ch	s			itt		ch	
						& Sitz	nK						itz			
						sitzen	v									
						& ge'sessen	v						ess	ge		e
						saßen	v			ß		aß			ß<	ä<
						& Ski	nK		k	sk	i					
						Ski fahren ®	v									
						& so	a					o				
						Socken	nK						ock			
						Sofa	nK		f			of				
						so'fort	a									
						so'gar	a									
						Sohn	nK					ohn				
						solcher			ch				olch		ch<	
						Soldat	nK					at			t	
						sollen	v						oll			
						sollten	v						oll		t<	
						& Sommer	nN						omm			
						Sommer'ferien	nA									
						Sommer'tag	nA									
						& sondern							ond			
						Sonn'abend	nN									
						& Sonne	nN						onn			
						Sonn'tag	nN									
						sonst	3						ons		s,t	
						sorgen	v						org		g<	
						Soße	nK			ß		oß			ß<	
						so'wie'so	a									
						spät(er)	j		sp			ät				ä
						& sparen	v		sp			ar				ä<
						Spaß	nA		sp	ß		aß			ß	ä<
						Spaten	nK		sp			at				
						Spatz	nK		sp				atz			ä<
						& spaz'ieren	v		sp,z		ier					
						spaz. gehen ®	v									
						Sper'ling	nE		sp,ng					erling		e
						& Spiegel	nK		sp		ieg					
						& Spiel	nA		sp		iel					

106

Häufig-keits-profil	Stichwort	Wortart	Problem-Profil										
Kinder / Erw.			Konson.-Häufung	PGK		Vokalquantität			Morphologie				
				spezielle Grapheme	s-Laute	langes i	lange Vokale	kurze Vokale	häufige Morpheme	konsonant. Ableitung		vokalische Ableitung	
insgesamt / mündlich / schriftlich / Fehler / mündlich / schriftlich				SG + −	SL	LI + −	LV + −	KV + −	HM	KA +	−	VA +	−
▮▮▮▮ ▮▮	spielen	v											
∣ ∣	Spiel'sachen	nK											
∣ ∣	Spiel'zeug	nK	3										
∣	& Spinne	nK		sp				inn					
∣ ∣	spinnen	v											
∣▮ ∣	& spitz	j		sp				itz					
∣ ∣	Spitze	nK											
∣ ∣	& Sport	nA		sp				ort					
∣	Sport'platz	nK	3										
∣ ∣ ∣ ▮	& Sprache	nA	3	sp,ch			ach					ä<	
▮▮▮ ∣ ▮	& sprechen	v	3	sp,ch				ech		ch<		e	
∣ ∣ ∣	sprachen	v	3										
▮ ▮▮ ∣ ∣	& springen	v	3	sp,ng				ing					
∣ ∣ ∣	spritzen	v	3	sp				itz					
∣	spucken	v		sp				uck		k<			
∣ ∣	& Stab	nK		st			ab			b		ä<	
▮ ∣ ∣ ▮▮	Stadt *	nK		st				adt			dt	ä<	
▮ ∣ ∣ ∣	Stall	nK		st				all				ä<	
∣	Stamm	nK		st				amm				ä<	
∣	& Stand	nK		st				and		d		ä<	
∣ ∣	Stange	nK		st,ng				ang				ä<	
▮ ∣ ∣ ▮▮	stark	j		st,k				ark		k		ä<	
∣ ▮	& statt *			st				att		t			
	& stauchen	v		st,ch			auch						
∣ ∣	staunen	v		st			aun						
∣ ∣	stechen	v		st,ch				ech		ch<		e	
▮ ∣ ▮ ∣	& stecken, St.			st				eck		k<		e	
▮▮▮▮ ▮▮	& stehen	v		st			eh					e	
▮ ∣ ▮ ▮	standen	v											
▮ ▮▮ ∣	& steigen	v		st,ei			eig			g<			
∣ ∣▮ ∣	stiegen	v		st		ieg				g<			
▮ ▮▮	Stein	nK		st,ei			ein						
▮ ∣ ∣ ∣▮	& Stelle	nK		st				ell				e	
▮▮ ▮▮ ▮▮	stellen	v											
∣ ▮	stellt	v											
▮ ▮ ∣ ∣	sterben	v		st				erb		b<		e	
∣ ∣	Stern	nK		st				ern				e	

* *Stadt*/*statt*: Homonyme

107

Häufigkeitsprofil (Kinder / Erw.)						Stichwort	Wortart	Konson.-Häufung	SG +	SG -	SL	LI +	LI -	LV +	LV -	KV +	KV -	HM	KA +	KA -	VA +	VA -
					■	stet's *	a															
						Stiefel	nK		st,f			ief										
					& Stift	nK		st,f							ift			f,t			
					still	j		st							ill						
					& Stimme	nA		st							imm						
					stimmen	v															
	■				Stock	nK		st							ock			k			
					stören	v		st					ör								
					Stoff	nK		st,f							off						
					stolpern	v		st							olp						
					stolz	j	3	st,z							olz						
					stopp * ®			st							opp			p			
					stopfen	v		st		pf					opf						
					Storch	nK		st,ch							orch			ch			
					& stoßen	v		st		ß			oß					ß<			
					stießen	v		st		ß	ieß							ß<			
					Strafe	nA	3	st,f					af					f<		ä<	
					Strand	nK	3	st							and			d		ä<	
■	■	■		■	& Straße	nK	3	st		ß			aß					ß<		ä<	
					Straßen'bahn	nK	3														
					& Streich	nA	3	st,ei,ch					eich					ch			
					streichen	v	3														
					strichen	v	3														
					streicheln	v	3														
	■				Streifen	nK	3	st,ei,f					eif					f<			
					Streit	nA	3	st,ei					eit					t			
					streng	j	3	st,ng							eng					e	
					& Strich	nK	3	st,ch							ich			ch			
					Stroh	nK	3	st						oh							
					& Strumpf	nK	3!	st		pf					ump						
					Strumpf'hose	nK	4!														
					Stube	nK		st					ub					b<			
■	■	■	■	■	& Stück	nK		st							ück			k			
					stürzen	v	3	st,z							ürz						
					Stufe	nK		st,f					uf					f<			
	■				Stuhl	nK		st					uhl								

* stet's: trotz stehen

* stopp: Fremdwort; auch Stop

108

Häufigkeitsprofil						Stichwort	Wortart	Problem-Profil								
								PGK			Vokalquantität			Morphologie		
insgesamt	mündlich	schriftlich	Fehler	mündlich	schriftlich			Konson.-Häufung	spezielle Grapheme	s-Laute	langes i	lange Vokale	kurze Vokale	häufige Morpheme	konsonant. Ableitung	vokalische Ableitung
								+ SG −		SL	LI + −	LV + −	KV + −	HM	KA + −	VA + −
∎∎∎				∎∎		Stunde	nA	st					und		d<	
I						Sturm	nA	st					urm			
∎ ∎∎			I	I		& suchen	v	ch				uch				
						Süden	nA					üd			d<	
I I						süß	j			ß		üß			ß	
I I						Suppe	nK						upp		p<	
I				I		täg'lich	j									
I				I		tät'ig *	j									
				I I		Tät'ig'keit	nE									
I I				I		Tafel	nK	f				af				ä<
∎∎∎I			∎∎			& Tag	nA					ag			g	ä<
I				I		Tal	nK					al				ä<
I						tanken	v	nk					ank		k<	
I I				I		Tanne	nK						ann			ä<
∎ ∎∎						Tante	nK						ant		t<	ä<
I I				I		tanzen	v	3 z					anz			ä<
I I		I				& Tasche	nK	sch					asch			ä<
I I						Taschen'tuch	nK									
I I I			I			Tasse ®	nK						ass			ä<
I			I			Taube	nK					aub			b<	äu<
I I						tauchen	v	ch				auch				
I I						tausend	j			s		aus			d	
I			I			Teddy	nK			y			edd			e
I I			I			Tee	nK						ee			
∎ I			∎∎			& Teil	nA	ei				eil				
I I						teilen	v									
I I I			I			Telefon *	nK	f								
I			I			Telegramm	nK						amm			
∎ ∎∎			I			Teller	nK						ell			e
I I			I			Teppich	nK	ch					epp		ch	e
I			I			teuer	j					eue				eu
I ∎						Teufel	nK	eu,f				euf				eu
I			I			& Theater	nK			th		at				
∎ I I			I I			tief	j	f			ief					
∎ ∎∎			I I			Tier	nK				ier					
I I I						Tiger	nK					ig				

* tät'ig: zu taten (von tun)
* Telefon: zwei Betonungen

109

Häufigkeitsprofil						Stichwort	Wortart	Konson.-Häufung	PGK SG + / -	SL s-Laute	LI langes i + / -	LV lange Vokale + / -	KV kurze Vokale + / -	HM häufige Morpheme	KA konsonant. Ableitung + / -	VA vokalische Ableitung + / -
						Tisch	nK		sch				isch			
						Tochter	nK		ch				och			
						Tod *	nA					od			d	
						Toilette	nK		oi				ett			e
						toll (doll)	j						oll			
						Tomate	nK					at			t<	ä<
						Topf	nK		pf				opf			
						Tor	nK					or				
						tot *	j					ot			t	
						träumen	v									
						& Trauer	nA					aue				
						tragen	v					ag			g<	ä<
						& Traum	nA					aum				äu<
						traur'ig	j									
						treffen	v		f				eff		f<	e
						trafen	v		f			af			f<	ä<
						treiben	v		ei			eib			b<	
						& trieben	v				ieb				b<	
						Treppe	nK						epp		p<	e
						& treten	v					et			t<	e
						tritt	v						itt		t	
						Trick	nA						ick		k	
						& trinken	v		nk				ink		k<	
						& trocken	j						ock		k<	
						trocknen *	v									
						Trommel	nK						omm			
						& trotz, Trotz							otz			
						trotz'dem	a	3								
						tschüs *			sch				üss			
						& Tuch	nK		ch			uch				
						tüchtig	j		ch				üch	ig	ch,g	
						& Tür(e)	nK					ür				
						Tüte	nK					üt			t<	
						Tulpe	nK						ulp			
						& tun	v					un				

* *Tod/tot*: Homonyme

* *trocknen*: wegen <ckn> vergleiche *öffnen*, auch *nackt*

* *tschüs*: auch *tschüss* ®

110

Häufigkeitsprofil		Stichwort	Wortart	Problem-Profil PGK			Vokalquantität			Morphologie		
Kinder / Erw.				Konson.-Häufung / SG (+/−)	SL		LI (+/−)	LV (+/−)	KV (+/−)	HM	KA (+/−)	VA (+/−)
		& taten	v				at				t<	ä<
		tue	v									
		Turm	nK						urm			
		& turnen	v						urn			
		Turn'schuh	nK	3								
		üben	v				üb				b<	
		& über	p				üb					
		über'all	a									
		über'fahren	v									
		über'haupt	a									
		über'legen	v									
		über'morgen	a									
		über'nehmen	v									
		über'schlagen	v	3								
		übr'ige *	j									
		Uhr	nK					uhr				
		& um	p						um			
		um'drehen	v	3								
		um'fallen	v									
		um'kippen	v									
		um'ziehen	v	3								
		& (un-)								un / un		
		un'be'ding't	j									
		& und							und			d
		Un'fall	nA									
		& (-ung)		ng						ung		
		ungefähr *	j	f				ähr				ä
		Un'glück	nA	3								
		& uns							uns		s	
		unser										
		unten	a						unt			
		& unter	p						unt			
		unter'gehen	v									
		unter'halten	v									
		Unter'schied	nA									
		unter'suchen	v									

columns within Häufigkeitsprofil: insgesamt, mündlich/schriftlich (Kinder), Fehler, mündlich/schriftlich (Erw.)

* *übr'ige*: zu *über*

* *ungefähr*: undurchsichtige Verwandtschaft mit *Gefahr*

111

Häufig-keits-profil						Stichwort	Wortart	Konson.-Häufung	PGK			Vokalquantität						Morphologie				
	Kinder			Erw.					spezielle Grapheme		s-Laute	langes i		lange Vokale		kurze Vokale		häufige Morpheme	konsonant. Ableitung		vokalische Ableitung	
insgesamt	mündlich	schriftlich	Fehler	mündlich	schriftlich				+ SG -		SL	+ LI -		+ LV -		+ KV -		HM	+ KA -		+ VA -	
│						unter'weg's	a															
│	│					Urlaub *	nA					ur						b			
▌▌▌			▌	▌▌		& Vater, Vati	nN		v			at									ä<
│		▌				& (ver-)			v								ver				
│	│					ver'bieten	v														
│				▏│		ver'binden	v														
│				│		ver'dienen	v														
│						Ver'ein	nA														
▌	▏	▌▌	▏	│		ver'gessen ®	v														
│						ver'irren	v														
│				│		Ver'käufer	nK														
▏│▌						ver'kaufen	v														
│				│		Ver'kehr	nA														
│	│					ver'kleiden	v	3													
│				│		ver'langen	v														
│	│	│				verletzen	v		v						etz		ver			e
▌	▏	▌	▏	│		& verlieren	v		v		ier						ver			
│		│		▌		verloren	v		v			or					ver			
│	│					ver'raten	v														
│	│					ver'rückt	j														
▌		▌	▏	▌		& ver'schieden	j		sch	v	ied						ver			
│	│			│		ver'schwinden *	v	3													
│						ver'sprechen	v	4													
│	│					ver'stauchen	v	3													
▏│▌						ver'stecken	v	3													
▌	▏		▌	▏		ver'stehen	v	3													
▌	▏│		│	▌		ver'suchen	v														
│		▌				ver'wandt *	j		v						andt		ver		dt	
│						ver'zaubern	v	3													
│	│					Vetter	nK		v						ett					e
▌▌▌▌▌						& viel *	j		v		iel									
▌▏│	▌▌					viel'leicht *	a														
▌▏│			│	▌		& vier *	j		v		ier									

* *Urlaub*: auch *Ur'laub* (wie: *er'lauben*)

* *ver'schwinden*: vergleiche *ge'schwind*

* *ver'wandt*: <dt> Zusammenziehung aus *det*

* *viel*: Homonym *fiel*; in Zusammensetzungen auch kurz gesprochenes /i/

* *viel'leicht*: Zusammensetzung undurchsichtig

112

Häufigkeitsprofil						Stichwort	Wortart	Problem-Profil												
									PGK			Vokalquantität					Morphologie			
	Kinder			Erw.				Konson.-Häufung	spezielle Grapheme	s-Laute	langes i		lange Vokale		kurze Vokale		häufige Morpheme	konsonant. Ableitung		vokalische Ableitung	
insgesamt	mündlich	schriftlich	Fehler	mündlich	schriftlich				SG	SL	LI		LV		KV		HM	KA		VA	
									+	-	+	-	+	-	+	-		+	-	+	-
I				I		vier'zehn	j	3													
I						vier'zig	j	3													
I			■			völl'ig	j														
I	■	■				Vogel	nK			v			og								
I			■			& Volk	nK	k		v					olk			k			
■	■	■		■	■	& voll	j			v					oll						
■	■	I		I	■	vom	p			v						om					
■	■	I		■	■	& von	p			v						on					
■	■	I	I	■	■	& vor	p			v			or								
I						vor'an(-)	a														
I		I		I	I	vor'bei(-)	a														
I				I	I	vor'bei'kommen	v														
■				I	I	vor'her	a														
I	I					vor'lesen	v														
I	■					vorn(e)	a			v					orn						
I					I	Vor'schlag	nA	3													
I	I					vor'sicht'ig *	j														
I	I					vor'stellen	v	3													
I						vor'über(-)	a														
I						vor'wärt's	a	3													
I		I				& wach	j	ch							ach					ä<	
I		I				wachen	v														
I	I			■	I	wachsen	v		chs						achs					ä<	
I	I					wackeln	v								ack						
I					I	wählen	v														
I				I	■	währen'd	p						ähr					d			ä
I						Waffe	nK	f							aff			f<			
I						wagen	v					ag						g<		ä<	
■	I	■		I	I	& Wagen	nK					ag								ä<	
I					■	& Wahl	nA							ahl						ä<	
■	I		■	■	■	& wahr *	j							ahr						ä<	
I				I	I	wahr'schein'lich	j														
I	I					Wal	nK					al									
■	■	■		I		Wald	nK								ald			d		ä<	

* *vier*: in Zusammensetzungen auch kurz gesprochenes /i/

* *vor'sichtig*: vergleiche *Ge'sicht*

* *wahr/waren*: Homonyme

113

Häufigkeitsprofil — Kinder / Erw. (insgesamt, mündlich, schriftlich, Fehler, mündlich, schriftlich) · Stichwort · Wortart · Problem-Profil

Problem-Profil:
- PGK: Konson.-Häufung · spezielle Grapheme SG (+/−) · s-Laute SL
- Vokalquantität: langes i LI (+/−) · lange Vokale LV (+/−) · kurze Vokale KV (+/−)
- Morphologie: häufige Morpheme HM · konsonant. Ableitung KA (+/−) · vokalische Ableitung VA (+/−)

Stichwort	Wortart	Kons.-Häuf.	SG +	SG −	SL	LI +	LI −	LV +	LV −	KV +	KV −	HM	KA +	KA −	VA +	VA −
Wand	nK									and			d		ä<	
wandern	v									and						
wann										ann						
& Wanne	nK									ann					ä<	
warm	j									arm					ä<	
warten	v									art			t<		ä<	
warum *											um					
& was											as		s			
& waschen	v		sch							asch					ä<	
Wasch'lappen	nK															
Wasser	nK									ass					ä<	
& Wechsel	nA		chs							echs					e	
wechseln	v															
Wecker	nK									eck			k<		e	
& weder								ed							e	
& weg	a										eg				g	e
& Weg	nK							eg							g	e
wegen																
weg'fahren	v															
weg'fliegen	v	3														
weg'gehen	v															
weg'laufen	v															
weg'nehmen	v															
& weh	j								eh						e	
weh'tun	v															
weich	j		ei,ch					eich						ch		
& weihen	v		ei					eih								
Weih'nachten *	nN															
weil			ei					eil								
& Weile	nA		ei					eil								
Wein	nK		ei					ein								
weinen	v		ei					ein								
Weise	n		ei		s			eis								
weiß	j		ei		ß			eiß							ß	
& weit(er)(-)	j		ei					eit								
weiter'fahren	v															

* *warum*: vergleiche: *um*, *dar'um*

* *Weih'nachten*: eigentlich zu *weihen*

114

Häufigkeitsprofil						Stichwort	Wortart	Konson.-Häufung	spezielle Grapheme SG + -	s-Laute SL	langes i LI + -	lange Vokale LV + -	kurze Vokale KV + -	häufige Morpheme HM	konsonant. Ableitung KA + -	vokalische Ableitung VA + -
						weiter'gehen	v									
						& welcher			ch				elch		ch<	e
						& Welle	nK						ell			e
						Wellen'sittich	nK									
						Welt	nK						elt		t	e
						wem							em			e
						wen							en			e
						& wenig	j						en	ig	g	e
						wenig'sten's	a	3								
						& wenn							enn			e
						wer						er				e
						werden	v					er			d<	
						wird	v						ird		d	
						wirst	v	3					irs		s,t	
						worden, ge'w.	v						ord	ge		
						wurden, -ü-	v						urd		d<	
						werfen	v	f					erf		f<	e
						Werk	nK	k					erk		k	e
						wert, Wert						er			t	e
						Westen	nA						est		s,t<	e
						& wetten	v						ett		t<	e
						& Wetter	nA						ett			e
						Wett'rennen	nA									
						wichtig	j	ch					ich	ig	ch,g	
						& wider(-)	p				id					
						& wie					ie					
						& wieder	a				ied					
						wiederholen	v									
						wiederkommen	v									
						wieder sehen	v									
						Wiese	nK			s	ies					
						wie'so										
						wie viel ®										
						wild	j						ild		d	
						Wind	nA						ind		d	
						Winter	nN						int			
						wir					ir					
						& wirken	v	k					irk		k<	
						wirk'lich	j	3								

115

Häufigkeits-profil						Stichwort	Wortart	Problem-Profil										
								PGK			Vokalquantität					Morphologie		
insgesamt	mündlich	schriftlich	Fehler	mündlich	schriftlich			Konson.-Häufung	SG (+spezielle Grapheme / −)	SL (s-Laute)	LI (langes i +/−)	LV (lange Vokale +/−)		KV (kurze Vokale +/−)		HM (häufige Morpheme)	KA (konsonant. Ableitung +/−)	VA (vokalische Ableitung +/−)
						& Wirt	nK							irt		t	
						& wissen, W. ®								iss			
						weiß	v		ei	ß		eiß					
						wussten, -ü- ®	v							u/üss		s,t<	
						Witz	nA							itz			
						& wo							o				
						wo'bei											
						& Woche	nA		ch					och			
						wo'für											
						wo'her											
						wo'hin											
						& wohl							ohl				
						& wohnen	v						ohn				
						Wohn'ung	nE										
						Wohn'zimmer	nK	3									
						Wolf	nK	f						olf			
						Wolke	nK	k						olk		k<	
						Wolle	nK							oll			
						wollen	v							oll			
						will	v							ill			
						wollten	v							oll		t<	
						Wort	nA							ort		t	
						wünschen	v										
						& Würfel	nK	f						ürf		f<	
						würfeln	v										
						wüten'd	j										
						wundern	v							und			
						Wunsch	nA		sch					unsch			
						Wurm	nK							urm			
						Wurst	nK	3						urs		s,t	
						Wurzel	nK	3	z					urz			
						& Wut	nA						ut			t	
						zählen	v										
						& Zahl	nA	z					ahl				ä<
						zahlen	v										
						& Zahn	nK	z					ahn				ä<
						Zahn'arzt	nK	4									
						Zahn'bürste	nK	3									
						Zahn'pasta, -e	nK										

116

Häufig-keits-profil						Stichwort	Wortart	Problem-Profil											
								PGK			Vokalquantität						Morphologie			
insgesamt	mündlich	schriftlich	Fehler	mündlich	schriftlich			Konson.-Häufung	spezielle Grapheme	s-Laute	langes i	lange Vokale		kurze Vokale		häufige Morpheme	konsonant. Ableitung		vokalische Ableitung	
		Kinder		Erw.					SG	SL	LI	LV		KV		HM	KA		VA	
								+		-	+ -	+	-	+	-		+	-	+	-
I I						Zange	nK	z,ng						ang						
I	■					zanken	v	z,nk						ank			k<		ä<	
I		I				Zauberer	nK													
I						& zaubern	v	z				aub								
I	■					Zaun	nK	z				aun							äu<	
I						Zeh(e)	nK	z					eh						e	
■	I			I	■	& zehn	j	z					ehn						e	
■	I	I		I	■	zeigen	v	z,ei				eig						g<		
■	■	■	■	■	■	& Zeit	nA	z,ei				eit					t			
I	I		I	I		Zeit'ung	nE													
I	I	I				Zelt	nK	z						elt			t		e	
						& (zer-)		z								zer				
I						zer'brechen	v	3												
I						Zettel	nK	z						ett					e	
I						& Zeug	nK	z				eug					g		eu	
I						Zeug'nis	nE													
I						Ziege	nK	z			ieg									
■	I	■		■	I	& ziehen	v	z				ieh								
I		I			I	zogen	v	z				og						g<		
I					I	& Ziel	nA	z			iel									
I		I	I			ziem'lich	j	z			iem					lich				
						& (-zig)		z								zig	g<			
■	I	■		I	I	& Zimmer	nK	z						imm						
I	I	I				Zirkus *	nK	z,k						irk	us					
I	I	I				Zoo	nK	z					oo							
I		I				Zopf	nK	z		pf				opf						
■	■	I	■	I	■	& zu(-)	a,p	z				u								
I	I					Zucker	nK	z						uck						
I				I		zu'decken	v													
■		■	I	■	I	zu'erst	a	3												
I					I	zu'frieden	j													
■	I	I	I	■	I	Zug *	nK	z				ug						g		
I		I				zu'gucken	v													
I			■			zu Hause	a													
I					■	Zu'kunft	nA	3												
I		I				zu'letzt	a	3												

* *Zirkus*: Plural *Zirkusse*

* *Zug*: vergleiche *zogen*; zu *ziehen*

117

Häufigkeits-profil						Stichwort	Wortart	Problem-Profil														
								Konson.-Häufung	spezielle Grapheme SG		s-Laute SL	langes i LI		lange Vokale LV		kurze Vokale KV		häufige Morpheme HM	konsonant. Ableitung KA		vokalische Ableitung VA	
insgesamt	mündlich	schriftlich	Fehler	mündlich	schriftlich				+	-		+	-	+	-	+	-		+	-	+	-
▌		‖			▌	zum	p		z								um					
‖	▌	‖				zu'machen	v															
‖	▌					Zunge	nK		z,ng							ung					
▌	‖		‖		▌	zur	p		z								ur					
▌	▌	▌	▌		▌	& zu'rück(-)	a		z							ück					
‖		‖				zurück'gehen	v															
‖						zurück'kommen	v															
▌	▌	▌	▌	‖	▌	& zu'sammen *	a									amm					
‖	‖	‖				zusammen'stoßen	v	3														
‖						zu viel ®	k															
▌	▌			‖	‖	& zwan'zig	j	3!	z								an zig					
▌	▌			‖	▌	zwar	j	3	z					ar								
▌		▌		‖	▌	& zwei	j	3	z,ei			ei										
‖						zwei'mal	a	3														
▌	▌	‖		‖	▌	zweiter	j	3														
‖						zwei'und'zwan'zig	j	5!														
‖	‖					Zwerg	nK	3	z							erg				g		e
‖	‖					Zwiebel	nK	3	z			ieb										
▌	▌		▌	▌	▌	& zwischen	p	3	z,sch							isch						
‖	▌	‖				zwischen'durch	a	3														
‖	▌		‖			zwölf	j	3	z,f							ölf						

* *zu'sammen*: vergleiche *-sam, sammeln*

118

6. Regelungen, Umkehrlisten und Modellwörter

unter Mitwirkung von Karl-Ludwig Herné

Umkehrlisten sind systematische Auszüge aus der *Alphabetischen Orientierungsliste*, angeordnet nach Elementen des Problemprofils in Kapitel 5. Wer einen Computer besitzt, kann die Auszüge auch nach eigenen Wünschen zusammenstellen (vergleiche Herné/Naumann 1999a). Zusammen mit den Regelungen stellen die Umkehrlisten den Grund-Regel-Schatz dar, vergleiche Kapitel 2 (15). Die Regelungen werden mit den Kürzeln des Problemprofils markiert; sie sind jeweils der Umkehrliste bzw. einer Gruppe von Umkehrlisten vorangestellt. Auf einer übergeordneten Ebene lassen sich die Regelungen zu drei Prinzipien oder Basis-Regelungen zusammenfassen; sie werden als Pr 1 bis Pr 3 gezählt.

In die Umkehrliste sind aus der *Alphabetischen Orientierungsliste* die grau unterlegten Stichwörter aufgenommen; sie sind häufig die Kerne von Wortfamilien. Zu den Wortfamilien vergleiche Kapitel 7. Ausnahmsweise enthält die erste Umkehrliste ALLE Wörter, auch die nicht unterlegten, da Schüler mit dem Heraushören von Konsonanten aus längeren Folgen nicht allein bei den Grundwörtern Probleme haben, wie *Durst*, *Fenster*, sondern auch bei Zusammensetzungen wie *Geburtstag* oder *Krankheit*.

Zur leichteren Orientierung von den Regelungen zu den Wörtern sind in jeder Umkehrliste einige MODELLWÖRTER fett hervorgehoben. Die Modellwörter enthalten möglichst kein anderes als das Rechtschreibproblem, für das sie modellhaft sind. Sie eignen sich daher besonders, um Regelungen zu verstehen und zu üben. Es sind vor allem Nomina Konkreta, zu einem kleineren Teil auch Adjektive, in Einzelfällen auch Verben. Durch diese Auswahl wird die Regelorientierung auch für sprachschwächere Kinder unterstützt. Solche Modellwörter vermeiden nämlich umständliche Erklärungen, wie sie zum Beispiel Nomina Abstrakta erfordern würden. Und sie erlauben Übungen unter Nutzung der Flexionsformen, jedoch ohne – wie die Verben – ganze Satzmuster zu fordern und ohne die Komplikationen der Tempusbildung mit Umlaut und Ablaut.

Dies Kapitel richtet sich in der Reihenfolge nach dem Problem-Profil.

Übersicht über die Umkehrlisten

6.1 *Phonem-Graphem-Korrespondenzen (Laut-Buchstaben-Beziehungen)*

Pr 1 Phonemprinzip
Schreibe für jeden Laut einen und immer den gleichen Buchstaben

6.2 *Vokalquantitäten (Regelungen bei betonten langen und kurzen Vokalen)*

120

6.3 Morphologie (Wortbausteine)

Pr 2 Morphemprinzip
Beachte die Wortverwandtschaften

6.4 Zur Syntax in der Orthographie

Pr 3 Satzprinzip
Beachte Satzbezüge

Regelungen und Modellwörter

121

6.1 Phonem-Graphem-Korrespondenzen (Laut-Buchstaben-Beziehungen)

Pr 1 Phonemprinzip: Die Basis-Regelung für die deutsche wie für jede Alphabetschrift lautet vereinfacht: Schreibe für jeden Laut einen und immer den gleichen Buchstaben.

Den hohen Gültigkeitsgrad der Basis-Regelung kann man daran ablesen, wie wenig Einträge letzlich in den Spalten des Problemprofils unter PGK auftreten. Vergleiche auch Kapitel 4, S. 56, zur Lauttreue. Selbst die vorhandenen Eintragungen folgen z.T. strengen Regeln.

KH Konsonanten-Häufung: Wörter aus der *Alphabetischen Orientierungsliste* mit drei oder mehr Konsonanten in Folge

Ein Problem besonders für Schreibanfänger ist das sorgfältige Heraushören der Konsonanten in längeren Folgen, eine typische Eigenschaft des Deutschen.

<x> und <z> werden jeweils als zwei Konsonanten gezählt, da sie den Lautfolgen /ks/ bzw. /ts/ entsprechen.

ndbr etc. Umkehrliste U 1: Konsonanten-Häufung (auch in Ableitungen und Zusammensetzungen)

nK	Abend'brot	nN	Donner's'tag	j	erst	j	hell'blau
a	abend's	j	dunk(e)le	j	erster	j	hell'braun
v	ab'schneiden	j	dunkel'blau	v	er'sticken	nN	Herbst
v	ab'schreiben	j	dunkel'braun	v	er'zählen	v	herein'stecken
j	ängst'lich	v	durch'führen	a	extra	nK	Herz
j	an'dauern'd	nA	Durst	nK	**Fenster**	v	hin'fliegen
nA	Angst	nK	Eich'hörn'chen		fernsehen, F.	v	hin'stellen
v	an'springen	j	eigen't'lich	v	fest'halten	a	hoffen't'lich
nA	**Antwort** *	v	ein'schlafen	v	fest'stellen	nK	Holz
v	antworten	j	einzige	nK	Flug'zeug	nA	Industrie
v	an'ziehen	j	elektr'isch	nK	Förster	a	in'zwischen
nK	Arzt	j	end'lich	nK	Forst		irgend'was
v	auf'fressen ®	v	ent'decken	j	freund'lich		irgend'welche
v	auf'schreiben	v	ent'fernen	j	fünf'zehn	a	irgend'wie
v	auf'stehen	a	ent'weder	j	fünf'zig	a	irgend'wo
nA	Augen'blick	nK	Erbse	j	furcht'bar	nA	Jahr'zehnt
v	aus'prob'ieren	nK	Erd'beere	j	ganz	a	jetzt
v	aus'steigen	v	er'klären	nA	**Geburt's'tag** *	v	kämpfen
v	aus'trocknen	nE	Er'klär'ung	nK	Gespenst	nK	Kerze
v	aus'ziehen		ernst, Ernst	v	glänzen	nA	Konzert
nK	Buch'stabe	nA	**Ernte**	nK	Gold'fisch	nK	Kopf'kissen
nK	Bürste	v	ernten	nA	Hälfte	nE	**Krank'heit**
nK	Butter'brot	v	er'schraken	nK	**Hamster**	nK	Kühl'schrank
nA	Dienst	v	er'schrecken	nK	Hand'tuch	nK	Künstler *
nN	Diens'tag	v	er'schrocken	nA	**Haupt'sache**	j	kurz

122

nE	Land'wirt'schaft	nK	Prinz'ess'in ®	nA	Strafe	j	vier'zig
nK	**Last'wagen**	v	purzeln	nK	Strand	nA	Vor'schlag
j	letzte	nK	Ranzen	nK	Straße	v	vor'stellen
a	link's	a	recht's	nK	Straßen'bahn	a	vor'wärts
nK	Luft'ballon *	nK	Reiß'ver'schluss ®	nA	Streich	v	weg'fliegen
nN	März	a	rück'wärts	v	streichen	a	wenig'stens
a	manch'mal	nK	Rutsch'bahn	v	streicheln	j	wirk'lich
nK	Markt	nK	Salz	nK	Streifen	v	wirst
nK	Meer'schwein'-	nK	Sand'kasten	nA	Streit	nK	Wohn'zimmer
	chen	nK	Schall'platte	j	streng	nK	Wurst
nK	Metzger	nK	Schild'kröte	nK	Strich	nK	**Wurzel**
v	mit'bringen	v	schimpfen	v	strichen	nK	Zahn'arzt
a	nacht's	v	schmelzen	nK	Stroh	nK	Zahn'bürste
j	nächste *	nK	Schutz'mann	nK	Strumpf	v	zer'brechen
j	neun'zehn	nK	Schwanz	nK	Strumpf'hose	a	zu'erst
j	neun'zig	j	schwarz	v	stürzen	nA	Zu'kunft
	nicht's	j	sech'zehn	v	tanzen	a	zu'letzt
a	nirgend'wo *	j	sech'zig	a	trotz'dem	v	zusammen'stoßen
nK	Obst		selbst	nK	Turn'schuh	j	zwan'zig
v	ordnen	j	selbst'ständ'ig * ®	v	über'schlagen		zwar
nE	Ordn'ung	j	sieb'zehn	v	um'drehen	j	zwei
	pflanzen, Pf.	j	sieb'zig	v	um'ziehen	a	zwei'mal
nK	**Pflaster**		sonst	nA	Un'glück	nA	Zweiter
v	pflegen	nK	Spiel'zeug	v	ver'kleiden	j	zwei'und'zwan'zig
v	pflücken	nK	Sport'platz	v	ver'schwinden *	nK	Zwerg
v	pflügen	nA	Sprache	v	ver'sprechen	nK	Zwiebel
nK	Pflug	v	sprachen	v	ver'stauchen	p	zwischen
nK	Pilz	v	sprechen	v	ver'stecken	a	zwischen'durch
nK	Pläts'chen	v	springen	v	ver'stehen	j	zwölf
j	plötz'lich	v	spritzen	v	ver'zaubern		
nK	Prinz	j	stolz	j	vier'zehn		

SG Spezielle Grapheme (Besonderheiten bei der Laut-Buchstaben-Beziehung): SG+ (häufige Abweichungen) und SG- (seltene Abweichungen)

SG+ Häufige Abweichungen: Besonderheit: <f> (wegen Verwechslungsgefahr mit Minderheitsschreibung <v>), mehrere Buchstaben für einen Laut: <ch>, <ng>, <sch> und besondere Laut-/Buchstaben-Nachbarschaften: <sp>, <st>, <ei>, <nk>, <z>.

f Umkehrliste U 2: Häufiges spezielles Graphem <f> (Vergleiche die Veranschaulichung der Häufigkeitsverhältnisse von <f/v> auf S. 128.)

a,p	auf(-)	a	dar'auf, drauf	v	dürfen	nK	Fach
v	befehlen	v	darf	nK	**Elefant**		(-fach)
nA	Be'ruf	j	doof	j	elf	nK	Faden
nK	Brief	nK	Dorf	nK	Fabr'ik *	v	fahren

123

nA	Fall	nA	Fleiß	j	fünf	nK	Saft
j	falsch	nK	Fliege	p	für	v	saufen
nK	Familie	v	fliehen	v	fuhren	nK	Schaf
v	fangen	v	fließen	nA	Furcht	v	schaffen
nK	Farbe	nK	**Flöte**	nK	Fuß		(-schaft)
nK	Fass ®	v	flogen	nK	Futter	j	scharf
v	fassen ®	v	flohen	nA	Gefahr	nK	Schaufel
a	fast	v	flossen ®	nK	Giraffe	j	schief
j	faul	v	flüstern	v	greifen	nK	Schiff
nK	**Faust**	nA	Flug	v	griffen	v	schlafen
nN	Februar	nK	Fluss ®	nA	Hälfte	nK	Schleife
nK	**Feder**	v	folgen	nK	Hafen	v	schliefen
v	fegen	v	fordern *	nK	Haufen	nK	Schrift
v	fehlen	nK	Form	nK	Heft	v	schufen
v	feiern	nK	Forst	v	helfen	nK	Seife
nK	Feige	a	fort	a	hin'auf(-)	nK	Sofa
j	fein	nA	Frage	nK	Hof	v	soffen
nK	Feind	v	fraßen	v	hoffen	nK	Stiefel
nK	Feld	nK	**Frau**	nK	Käfer	nK	Stift
nK	Fell	j	frech	nK	Kaffee *	nK	Stoff
nK	Felsen	j	frei	nK	Kartoffel	nA	Strafe
nK	Fenster	j	fremd	v	kaufen	nK	Streifen
nA	Ferien	v	fressen ®	v	kneifen	nK	Stufe
j	fern	nA	Freude	v	kniffen	nK	Tafel
j	fertig	v	freuen	nK	Koffer	nK	Telefon *
	fest, Fest	nK	Freund	nA	Kraft	nK	Teufel
nK	Fett	nA	Frieden	nA	Lauf	j	tief
nK	Feuer	v	frieren	v	liefen	v	trafen
v	fiel *	j	frisch	nK	Löffel	v	treffen
nK	Figur	nK	Friseur	nK	Luft	j	ungefähr *
nK	**Film**	v	frisst ®	nK	Mikrofon *	nK	Waffe
v	finden	j	froh	nK	**Ofen**	v	werfen
nK	Finger	nK	Frosch	j	offen	nK	**Wolf**
nA	Firma	a,j	früh, früher	a	oft	nK	Würfel
nK	Fisch	nK	Fuchs	v	pfeifen	j	zwölf
nK	Flasche	v	fühlen	v	pfiffen		
nK	Fleck	v	führen	v	riefen		
nK	Fleisch	v	füllen	v	rufen		

Umkehrliste U 3: Häufiges spezielles Graphem <ch>

	ach	v	brachten	j	deut'lich	nK	Eiche
j	acht	v	brauchen		dich		euch
	auch	v	brechen	j	dicht	nK	Fach
nK	**Bach**	nK	**Buch**	a	doch		(-fach)
nK	Bauch		(-chen)	nK	Drachen	j	**frech**
nK	**Becher**	nK	Dach	a	durch	nA	Furcht
	biss'chen * ®	v	dachten	j	echt	nA	Geschichte

124

j	gleich	nK	Loch		recht, R.	v	sprechen
a	hoch *	v	machen	j	reich	v	stauchen
	ich	nK	Mäd'chen	v	richten	v	stechen
nK	Kanin'chen	nA	Mär'chen	v	riechen	nK	Storch
nK	Kirche	j	mancher	nA	Sache	nA	Streich
nK	Knecht		mich	nK	Schachtel	nK	Strich
nK	Knochen	nK	**Milch**	v	schlachten	v	suchen
v	kochen	v	mochten, -ö-	nK	Schlauch	v	tauchen
nA	Krach	a,p	nach(-) *	j	schlecht	nK	Teppich
v	kriechen	nK	Nachbar	v	schleichen	nK	Tochter
nK	**Kuchen**	nN	**Nacht**	v	schlichen	nK	Tuch
nK	Küche	j	nächste *	j	schwach	j	tüchtig
v	lachen		nicht		sich	j	wach
v	lächeln	j	nied'lich *	j	sicher	j	weich
j	leicht	a	noch	nA	Sicht	j	welcher
v	leuchten	nA	Pech	nK	Sittich	j	wichtig
	(-lich) *	nK	Rauch		solcher	nA	**Woche**
nA	**Licht**	v	rechnen	nA	Sprache		

---

ng Umkehrliste U 4: Häufiges spezielles Graphem <ng>

nK	**Angel**	nK	Gang		peng(peng)	nK	Stange
nA	Angst	v	gelingen	nK	Pudding	j	streng
v	bringen	v	hängen	nK	**Ring**		(-ung)
nK	**Ding**	nA	Hunger	nK	Schlange	nK	Zange
j	eng	j	**jung**	nE	Schmetter'ling	nK	Zunge
nK	**Engel**	v	klingen	v	singen		
v	fangen	a,j	**lang(e)**	nE	Sper'ling		
nK	Finger	nA	Menge	v	springen		

---

sch Umkehrliste U 5: Häufiges spezielles Graphem <sch>

nA	Bescheid	v	geschehen	nA	Quatsch	nK	Schaukel
nK	**Busch**	v	geschieht	j	rasch	nK	Schaum
	deutsch, D.er	nA	Geschichte	v	rauschen	nK	Scheibe
v	dreschen	j	ge'schwind	v	rutschen	v	scheinen
j	elektr'isch	nK	Hirsch	nK	Schachtel	v	schenken
v	er'wischen	j	hübsch	a	schade	nK	Scherbe
j	falsch		(-isch)	nK	Schaf	nK	Schere
nK	**Fisch**	nK	Kirsche	v	schaffen	v	schicken
nK	Flasche	v	lutschen		(-schaft)	v	schieben
nK	Fleisch	nK	Maschine	nK	Schal	v	schienen
j	frisch	nK	**Mensch**	j	scharf	j	schief
nK	Frosch	v	mischen	v	schauen	nK	Schiene
v	geschahen	j	prakt'isch *	nK	Schaufel	nK	Schiff

125

nK	Schild	v	schlucken	nK	Schokolade	nK	Schwanz
v	schimpfen	nK	Schlüssel	a	schon	j	schwarz
v	schlachten	nA	Schluss ®	nK	Schramme	v	schweigen
v	**schlafen**	v	schmecken	nK	Schrank	nK	Schwein
v	schlagen	v	schmeißen	nK	Schraube	j	schwer
nK	Schlange	v	schmelzen	nA	Schreck	nK	Schwester
j	schlank	nE	Schmetter'ling	v	schreiben	v	schwiegen
j	schlau	v	schmieren	v	schreien	j	schwier'ig
nK	Schlauch	v	schmissen ®	v	schrie	v	schwimmen
j	schlecht	nK	Schmutz	v	schrieben	v	schwitzen
v	schleichen	nK	Schnabel	nK	Schrift	nK	**Tasche**
nK	Schleife	v	schnappen	nA	Schritt	nK	Tisch
v	schleppen	nK	Schnecke	v	schütteln		tschüs *
v	schleudern	nK	Schnee	v	schufen	j	ver'schieden
v	schlichen	v	schneiden	nK	Schuh	v	waschen
v	schliefen	j	schnell	nK	**Schule**	nA	**Wunsch**
v	schließen	v	schnitten	nK	Schulter	p	zwischen
j	schlimm	nK	Schnur	nA	Schuss ®		
nK	Schlitten	v	schoben	nA	Schutz		
nK	Schloss ®	j	**schön**	j	schwach		

Umkehrliste U 6: Häufige spezielle Grapheme <sp> und <st>

	<sp>	v	spucken	nK	Stein	v	stoßen
nK	Gespenst			nK	Stelle	nA	Strafe
a,j	spät(er)		**<st>**	v	sterben	nK	Strand
v	sparen	v	er'sticken	nK	Stern	nK	Straße
nA	Spaß	nK	Stab	nK	Stiefel	nA	Streich
nK	**Spaten**	nK	Stadt *	v	stiegen	nK	Streifen
nK	Spatz	nK	Stall	v	stießen	nA	Streit
v	spaz'ieren	nK	Stamm	nK	**Stift**	j	streng
nE	Sper'ling	nK	Stand	j	still	nK	Strich
nK	Spiegel	nK	Stange	nA	Stimme	nK	Stroh
nA	Spiel	j	stark	nK	Stock	nK	Strumpf
nK	Spinne		statt *	v	stören	nK	**Stube**
j	spitz	v	stauchen	nK	Stoff	nK	Stück
nA	**Sport**	v	staunen	v	stolpern	v	stürzen
nA	Sprache	v	stechen	j	stolz	nK	**Stufe**
v	sprechen		stecken, St.		stopp * ®	nK	Stuhl
v	springen	v	stehen	v	stopfen	nA	Stunde
v	spritzen	v	steigen	nK	Storch	nA	Sturm

Umkehrliste U 7: Häufiges spezielles Graphem <ei>

a	allein(e) *	nA	Arbeit	j	beide	nK	**Bein**
nK	Ameise	p	bei	p	beim	v	beißen

126

j	bereit	j	frei	v	leisten	v	seid *
nA	Bescheid	nK	Geist	nK	**Leiter**	nK	Seife
nK	Blei	j	gemein		mein	nK	**Seil**
v	bleiben	j	gleich		meinen	j	sein
nK	Brei	v	greifen	a,j	meiste(ns)	v	sein
j	breit	j	heil	nK	Meister		seit *
	dein	nK	Heim		nein	nK	**Seite**
j	drei	v	heiraten	v	pfeifen	v	steigen
j	dreiß'ig *	j	heiß	nK	Poliz'ei	nK	Stein
nK	Ei	v	heißen	nA	Preis	nA	Streich
nK	Eiche		(-heit)	j	reich	nK	Streifen
nA	Eile	v	heizen	nA	Reihe	nA	Streit
nK	**Eimer**	a	her'ein(-)	j	**rein**	nA	Teil
	(ein-)	a	hin'ein(-)	nK	Reis	v	treiben
	einander *		keiner	nA	Reise	j	weich
	einer		(-keit)	v	reißen	v	weihen
j,v	ein'ige(n)	nK	Kleid	v	reiten		weil
j	eins	j	klein	nK	Scheibe	nA	Weile
j	einzige	v	kneifen	v	scheinen	nK	Wein
nK	Eis	nK	Kreide	v	schleichen	v	weinen
nK	**Eisen**	nK	Kreis	nK	Schleife	n	Weise
v	feiern	j	leicht	v	schmeißen	j	weiß
nK	Feige	v	leiden	v	schneiden	v	weiß
j	fein	v	leihen	v	schreiben	a,j	weit(er)(-)
nK	Feind		(-lein)	v	schreien	v	zeigen
nK	Fleisch	nK	Leine	v	schweigen	nA	Zeit
nA	Fleiß	j	leise	nK	Schwein	j	zwei

nk Umkehrliste U 8: Häufiges spezielles Graphem <nk> (vor <k> steht immer <n> statt <ng>)

nK	**Bank**	j	krank	v	schenken	v	trinken
nK	**Dank**	j	**linke**	j	schlank	v	zanken
v	denken	nK	**Onkel**	nK	Schrank		
j	dunk(e)le	nK	Punkt	v	tanken		

z Umkehrliste U 9: Häufiges spezielles Graphem <z>

nK	Arzt	nK	Holz	nK	**Pilz**	nK	Schwanz
nN	Dezember	nK	Kapuze	nK	Poliz'ei	j	schwarz
j	einzige	nK	Kerze	nK	Prinz	v	spaz'ieren
j	ganz	nA	Konzert	v	purzeln	j	stolz
v	glänzen	j	kurz	nK	**Ranzen**	v	stürzen
v	**heizen**	nN	März	nK	**Salz**	v	tanzen
nK	Herz		pflanzen, Pf.	v	schmelzen	nK	Wurzel

Regelungen und Modellwörter

127

nA	Zahl	nK	**Zelt**	nK	Zirkus	a	zu'rück(-)
nK	Zahn		(zer-)	v	zogen	j	zwan'zig
nK	Zange	nK	Zettel	nK	Zoo		zwar
v	zanken	nK	Zeug	nK	Zopf	j	zwei
v	zaubern	nK	Ziege	a,p	zu(-)	nK	Zwerg
nK	**Zaun**	v	ziehen	nK	Zucker	nK	Zwiebel
nK	Zeh(e)	nA	Ziel	nK	Zug *	p	zwischen
j	zehn	j	ziem'lich	p	zum	j	zwölf
v	zeigen		(-zig)	nK	Zunge		
nA	Zeit	nK	Zimmer	p	zur		

SG- Seltene Abweichungen von der Laut-Buchstaben-Beziehung: <chs>, <pf>, <x> und <v> sowie spezielle Fremdwort-Grapheme wie zum Beispiel <ph>, <th>, und <y>.

Wegen geringen Anzahlen sind bei SG- z.T. keine Modellwörter sinnvoll. Für <th> gibt es nur *Theater* in der Orientierungsliste; für <ai> nur *Hai* und *Mai*.

chs-x Umkehrliste U 10: Seltene spezielle Grapheme <chs> und <x> (eigentlich <ks> zu erwarten)

Für <k>, das Mehrheits-Gegenstück zu Umkehrliste U 10, gibt es keine Umkehrliste, weil nur in Verbindung mit <s> die speziellen Schreibungen möglich sind.

	<chs>				**<x>**		
nK	Fuchs	v	wachsen	v	boxen	nK	Hexe
j	sechs *	nA	Wechsel	a	extra		

v Umkehrliste U 11: Seltenes spezielles Graphem <v> (statt <f>)

Das spezielle Graphem <ph> ist extrem selten und tritt in der *Alphabetischen Orientierungsliste* nicht auf.

Wenn man weiß, dass das Wort nicht mit <v> (am Anfang!) geschrieben wird, ist <f> richtig.

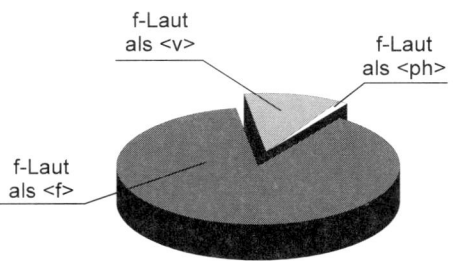

128

f-Laut als <v>		v	verloren	nK	Volk	**w-Laut als <v>**	
	be'vor	j	ver'schieden	j	voll	nK	Kurve
j	brav	j	ver'wandt	p	vom	nN	November *
nN	Vater, Vati	nK	Vetter	p	von	nK	Pullover *
	(ver-)	j	viel *	p	vor		
v	verletzen	j	vier *	p	vorn(e)		
v	verlieren	nK	Vogel				

 Umkehrliste U 12: Seltenes spezielles Graphem <pf>. Lernprobleme treten vor allem bei <pf> am Wortanfang auf.

nK	Apfel	nK	Pfanne		pflanzen, Pf.	nA	Pfund
v	**hüpfen**	nK	Pfarrer	nK	**Pflaster**	v	schimpfen
nA	Kampf	v	**pfeifen**	v	**pflegen**	v	stopfen
v	klopfen	nK	Pfennig	v	pflücken	nK	Strumpf
nK	**Knopf**	nK	Pferd	nK	Pflug	nK	Topf
nK	**Kopf**	v	pfiffen		**pfui**	nK	**Zopf**

SL s-Laute

 Umkehrliste U 13: Stimmhafter s-Laut als <s> (ohne Wörter mit <s> am Anfang)

a	also	nK	Esel	j	leise	nK	**Rose**
nK	Ameise	nK	Felsen	v	lesen	v	sausen
nK	Amsel	nK	Friseur	nK	Nase	nK	Sittich
nK	**Besen**	nK	Ge'müse *	nA	**Pause**	j	tausend
j	böse	j	gesund	nK	Person	n	Weise
nK	**Bremse**	nK	Hase	nK	Rasen	nK	Wiese
	dieser	nK	**Hose**	nA	Reise		
nK	**Dose**	nK	**Insel**	nK	Riese		
nK	Eisen	nK	Käse	j	rosa		

ß Umkehrliste U 14: Stimmloser s-Laut nach Langvokal als <ß>

Zu <ß> sind Modellwörter sehr schwer zu finden. Statt *grüßen* wäre besser *Grüße* zu verwenden.

v	aßen	j	bloß	v	fraßen	j	**große**
p	**außen** *	j	**dreiß'ig** *	nK	Fuß	v	**grüßen**
p	außer	nA	**Fleiß**	v	ge'nießen	j	heiß
v	beißen	v	fließen	v	gießen	v	heißen

129

v	hießen	v	schließen	v	stießen	j	weiß
v	ließen	v	schmeißen	v	stoßen	v	weiß
v	reißen	nK	Soße	nK	**Straße**		
v	saßen	nA	Spaß	j	süß		

6.2. Vokalquantitäten (Regelungen bei langen und kurzen Vokalen)

Bei den Umkehrlisten zu den Langvokalen stehen die Minderheiten voran, weil dies einen sinnvollen Endstand beim Lernen spiegelt: Wenn ich zum Beispiel Betontheit und Länge des i-Lautes herausgehört habe und weiß, dass das Wort nicht mit <ieh> oder <ih> oder einfachem <i> geschrieben wird, muss es ein Wort mit der Normalschreibung <ie> sein.

LI Ein lang gesprochener betonter i-Laut wird

LI-
- selten als <ieh> geschrieben, siehe U 15;
- in wenigen (wichtigen) Wörtern als <ih> geschrieben, siehe U 15;
- in einer Minderheit von Wörtern als einfaches <i> geschrieben, siehe U 15;

LI+
- meistens als <ie> geschrieben, siehe U 16.

Zur Erarbeitung von Mehrheits-/Minderheits-Regelungen vergleiche Kapitel 3.2 (8), auch bei LI+ und LV+ in Kapitel 4.4, S. 57.

ieh-ih-i Umkehrliste U 15: Lang gesprochenes betontes /i:/ als <ieh> , <ih> oder einfaches <i> geschrieben. Da die Listen der Wörter mit <ieh> und <ih> sehr kurz sind, enthalten sie keine Modellwörter.

Unter den Modellwörtern mit einfachem <i> sind drei sehr häufig belegte: *dir*, *mir* und *wir*.

<ieh>		dir	
v	fliehen	nK	Fabrik
v	geschieht	nK	Familie
v	liehen	v	gibt
v	sieht	nK	**Igel**
v	ziehen	nK	Kanin'chen
		nA	Kilo
<ih>		nK	Kino
	ihm	nK	Krokodil
	ihn	j	lila
	ihr(-), Ihr(-)	nK	Lin'ie
		nK	Margarine
<i>		nK	Maschine
nK	Apfel'sine	nA	Mathematik *
nA	Appetit *		**mir**
		nA	Musik

a	**prima**		wider(-)
nK	Ski		**wir**
nK	**Tiger**		

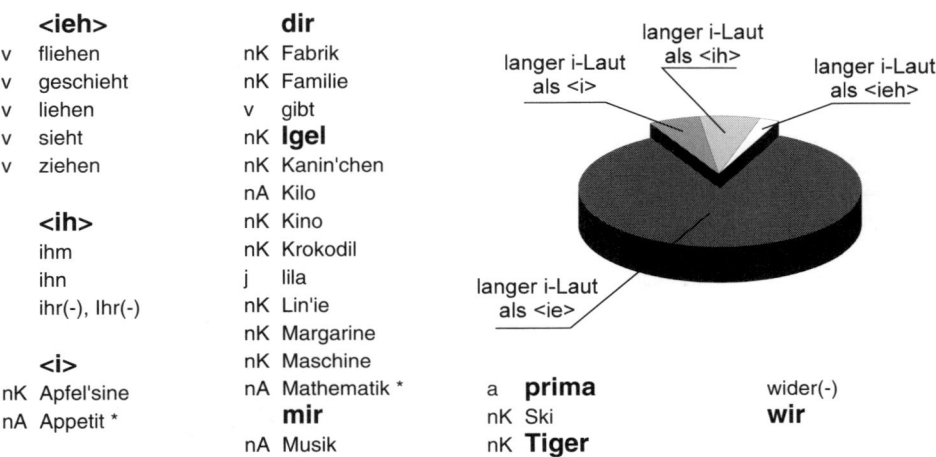

langer i-Laut als <ih>
langer i-Laut als <i>
langer i-Laut als <ieh>
langer i-Laut als <ie>

131

_ie_ Umkehrliste U 16: Lang gesprochenes betontes /i:/ als <ie> geschrieben

nK	Batterie	a	hier	v	piepen	v	spaz'ieren
v	biegen	v	hießen	v	prob'ieren	nK	Spiegel
nK	**Biene**		(-ieren) *	v	ras'ieren	nA	**Spiel**
nK	Bier	nA	Industrie	v	riechen	nK	Stiefel
v	bieten	v	kap'ieren	v	riefen	v	stiegen
v	blieben	j	kar'iert	nK	**Riese**	v	stießen
nK	Brief	nK	Knie	v	rieten	j	**tief**
	die	v	kriechen	v	schieben	nK	Tier
nK	Dieb	nA	Krieg	j	schief	v	trieben
nK	Diener	v	kriegen	nK	Schiene	v	verlieren
nN	Diens'tag	j	lieb	v	schienen	j	ver'schieden
	dieser	nA	Lied	v	schliefen	j	viel *
v	fiel *	v	liefen	v	schließen	j	vier *
nK	**Fliege**	v	ließen	v	schmieren		wie
v	fließen	v	liest	v	schrie	a	wieder
nA	Frieden	v	liegen	v	schrieben	nK	**Wiese**
v	frieren	a	nie	v	schwiegen	nK	**Ziege**
v	ge'nießen	j	nieder	j	schwier'ig	nA	**Ziel**
nA	Gier	j	nied'lich *		sie	j	ziem'lich
v	gießen		niemand *		Sie	nK	Zwiebel
v	hielten	nK	Papier	j	sieben *		

LV Lang gesprochene betonte andere Vokale (ohne /i:/)

LV- Die anderen betonten langen Vokale werden

- selten gedoppelt, siehe U 17;
- zu einem kleinen Teil mit nachfolgendem <h> geschrieben, siehe U 18;

LV+ • meistens nicht gekennzeichnet, siehe U 19.

 **_aa_** etc. Umkehrliste U 17: Dopplung des lang gesprochenen betonten Vokals

nK	**Beere**	j	leer
nK	**Boot**	nK	Meer
j	doof		paar, Paar
nK	**Haar**	nK	Schnee
nA	Idee	nK	**See**
nK	Kaffee	nK	Tee
nK	Klee	nK	Zoo

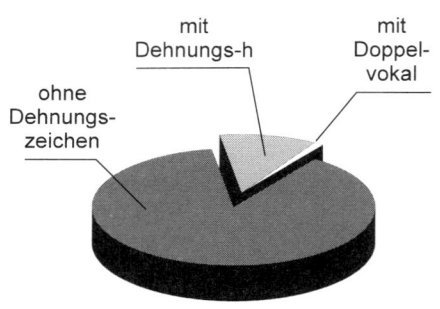

ohne Dehnungszeichen

mit Dehnungs-h

mit Doppelvokal

132

ah etc. Umkehrliste U 18: Langer betonter Vokal mit nachfolgendem <h> geschrieben

In der nachfolgenden Umkehrliste wird unterschieden zwischen solchen Wörtern, bei denen das <h> am Stammende steht, und solchen, bei denen dem <h> ein Konsonant (<l>, <m>, <n> oder <r>) folgt.

	\<h> am Stamm-ende		**Reh**		fehlen		ohne
	ah	nK	nK
		nA	Ruhe	v	fühlen	nK	Ohr
v	blühen *	v	sahen	v	führen	v	rühren
v	drehen	nK	Schuh	v	fuhren	a	sehr
v	flohen	v	sehen	nA	Gefahr	nK	**Sohn**
	ehe	v	stehen	v	gewöhnen	nK	Stuhl
j	froh	nK	Stroh	nK	Hahn	nK	Uhr
a,j	früh, früher	j	weh	nK	Höhle	j	ungefähr *
v	**gehen**	nK	Zeh(e)	nK	Huhn	p	währen'd
v	geschahen			nA	Jahr	nA	Wahl
v	geschehen		**\<h> vor Konso-nant**	v	kehren	j	wahr *
j	hohe			j	kühl		wohl
nK	**Kuh**	v	ahnen	j	lahm	v	wohnen
v	mähen	nK	**Bahn**	nK	Lohn	nA	**Zahl**
nA	Mühe	v	befehlen	nK	**Mehl**	nK	Zahn
v	nähen	nK	**Bohne**	a	mehr *	j	zehn
j	nah(e)	nK	Draht	v	nahmen		
		v	fahren	v	nehmen		

a etc. Umkehrliste U 19: Lang gesprochener Vokal (nicht /i:/) ohne Kennzeichnung

nN	Abend	nK	Blume *		der	nA	Flug
	aber	nK	Blut	nK	Dose	nA	Frage
nK	Adler	nK	Boden	a	drüben	v	fraßen
nK	Ameise	j	böse		du	p	für
nA	Art	v	bogen	j	eben	nK	Fuß
nK	Arzt	v	boten	a	egal	nK	**Gabel**
v	aßen	v	braten		er	a	gar
nK	Bad	j	brav	nK	Erde	v	geben
nK	Bär	nK	Brot	j	erst	j	geboren
nK	Banane	nK	Bruder	nK	Esel	nA	Geburt
nK	Bart	nK	Bub(e)	nK	**Faden**	p	gegen
v	baten	nK	Buch	nN	Februar	nK	Gegend
nA	Be'ruf	v	bügeln	nK	Feder	nK	Ge'müse *
nK	Besen	a	da(-)	v	fegen	a	genug
v	beten	nK	**Dame**	nA	Ferien	a,j	gerade, grade
	be'vor	a	dar(-) *	nK	Figur	nK	Gerät
j	blöd		dem	nK	Flöte	nK	Glas
j	bloß		den	v	flogen	nK	Grab

Regelungen und Modellwörter

133

nA	Grad	nK	Kugel	nK	Plan	nK	Straße
nK	Gras		laden, Laden	nA	Problem	nK	Stube
j	große		leben, Leben	nK	Pullover *	nK	Stufe
j	grün	v	legen	v	pusten	v	suchen
v	grüßen	v	lesen	a	quer	nA	Süden
j	gut	nK	Lineal *	nK	**Rabe**	j	süß
v	haben	nK	Löwe	nK	Rad	nK	**Tafel**
nK	Hafen	j	los	nK	Radio	nA	Tag
nK	Hase	v	lügen	nK	Rasen	nK	Tal
nK	Hebel *	nK	Mäd'chen	v	raten	v	taten
v	heben	nA	Mär'chen	v	reden	nK	Theater
a	her(-)		mal, M.	nK	Regen	nA	Tod *
nK	Herd	nK	Marmelade	j	rosa	nK	Tomate
a	hoch *	nA	Meter	nK	Rose	nK	Tor
v	hören	nA	Million	j	rot	j	tot *
nK	Hof	nA	Minute	v	rufen	v	tragen
v	holen	v	mögen	v	säen	v	trafen
nK	Honig	nA	**Monat**	v	sägen	v	treten
nK	Hose	nN	Mond	v	sagen	nK	Tuch
	husten, Husten	nN	Mon'tag	nK	Salat	nK	Tür(e)
nK	**Hut**	nK	Motor *	v	saßen	nK	**Tüte**
nK	Indianer	j	müde	a	schade	v	tun
	ja	nA	Mut	nK	Schaf	v	üben
v	jagen		na	nK	Schal	p	über
a	je	a,p	nach(-) *	nK	Schere	j	übr'ige
	jeder	j	nächste *	v	schlafen	nN	Vater, Vati
	jemand *	nK	Nagel	v	schlagen	v	verloren
	jener	nA	**Name**	nK	Schnabel	nK	Vogel
nK	Joghurt *	nK	Nase	nK	Schnur	p	vor
nA	Jugend	nA	Natur	v	schoben	v	wagen
nN	**Juli**	p	neben	j	schön	nK	Wagen
nN	**Juni**	j	normal	nK	Schokolade	nK	Wal
nK	Käfer	nA	Not	a	schon	v	waren, -ä- *
nK	Käse	a	nun	v	schufen		weder
v	kamen	a	nur	nK	Schule	nK	Weg
nK	Kapitän	a	oben	j	schwer		wem
nK	Kapuze	nK	Obst	a	so		wen
nK	Kater		oder	nK	**Sofa**	j	wenig
v	klagen	nK	Ofen	nK	Soldat		wer
j	klar	nN	Oktober	nK	Soße	v	werden
v	kleben	nN	Oma, Omi	a,j	spät(er)		wert, Wert
nK	Klo	nN	Opa, Opi	v	sparen		wo
j	klug	nN	Ostern	nA	Spaß	nA	Wut
nK	Knoten	nK	Paket	nK	Spaten	v	zogen
nK	**König**	nK	Person	nA	Sprache	a,p	zu(-)
nK	Kragen	nK	Pferd	nK	Stab	nK	Zug *
nK	Kröte	v	pflegen	v	stören		zwar
nK	Krone	nK	Pflug	v	stoßen		
nK	Kuchen	nK	Pistole	nA	Strafe		

au etc. Umkehrliste U 20: Diphthonge <ai>, <au>, <ei> ohne besondere Kennzeichnung

Da Diphthonge immer lang sind, jedoch nie gekennzeichnet werden, bilden sie hier eine eigene Umkehrliste. Wörter mit <eih> sind eine – in der *Alphabetischen Orientierungsliste* sehr seltene – regelhafte Ausnahme.

	<ai>					**<ei>**		nK	**Heim**
nK	Hai	a	hin'auf(-)					v	heiraten
nN	Mai	a	hin'aus(-)	a	allein(e) *			j	heiß
		v	kauen	p	bei			v	heißen
	<au>	v	kaufen	j	beide			v	heizen
	au(a)	a	kaum	p	beim			a	her'ein(-)
	auch	v	klauen	nK	Bein			a	hin'ein(-)
a,p	auf(-)	nA	Lauf	v	beißen				keiner
nK	Auge	j	laut	j	bereit			nK	Kleid
nN	August *	nK	Mauer	nA	Bescheid			j	klein
	aus(-)	nK	Maus	nK	Blei			v	kneifen
p	außen *	nA	Pause	v	bleiben			nK	Kreide
p	außer	v	rauben	nK	Brei			nK	Kreis
nK	Auto	nK	Rauch	j	breit			j	leicht
nK	Bau	nK	**Raum**		dein			v	leiden
nK	Bauch	nK	Raupe	j	drei			nK	**Leine**
nK	Bauer *	v	rauschen	j	dreiß'ig *			j	leise
nK	**Baum**	j	sauber	nK	Ei			v	leisten
j	blau	v	saufen	nK	Eiche			nK	Leiter
v	brauchen	v	sausen	nA	Eile				mein
j	braun	v	schauen	nK	Eimer				meinen
a	dar'auf, drauf	nK	Schaufel		(ein-)			a,j	meiste(ns)
a	dar'aus	nK	Schaukel		einer			nK	Meister
v	dauern	nK	Schaum	j,v	ein'ige(n)				nein
nK	Daumen	j	schlau	j	eins			v	pfeifen
v	erlauben	nK	Schlauch	j	einzige			nK	Poliz'ei
j	faul	nK	Schraube	nK	Eis			nA	Preis
nK	Faust	v	stauchen	nK	Eisen			j	reich
nK	Frau	v	staunen	v	feiern			j	rein
nK	Gaul	nK	Taube	nK	Feige			nK	Reis
j	genau	v	tauchen	j	fein			nA	Reise
nA	Glaube(n)	j	tausend	nK	Feind			v	reißen
j	grau	nA	Trauer	nK	Fleisch			v	reiten
v	hauen	nA	Traum	nA	Fleiß			nK	Scheibe
nK	Haufen	v	zaubern	j	frei			v	scheinen
nK	Haupt	nK	Zaun	nK	Geist			v	schleichen
nK	Haus			j	gemein			nK	Schleife
nK	**Haut**		**<äu>**	j	gleich			v	schmeißen
a	her'aus(-)	nK	Gebäude *	v	greifen			v	schneiden
				j	heil				

Regelungen und Modellwörter

135

v	schreiben	nA	Streit		**\<eih\>**	v	freuen	
v	schreien	nA	Teil	v	leihen	nK	Freund	
v	schweigen	v	treiben	nA	Reihe	nK	**Heu**	
nK	Schwein	j	weich	v	weihen	v	heulen	
v	seid *		weil			a	heute *	
nK	Seife	nA	Weile		**\<eu\>**	v	leuchten	
nK	Seil	nK	**Wein**	nK	**Beule**	nK	Leute	
j	sein	v	weinen	j	deut'lich	j	neu	
v	sein	n	Weise		deutsch, D.er	j	neun	
	seit *	j	weiß		euch	v	schleudern	
nK	Seite	v	weiß		euer, eure	j	teuer	
v	steigen	a,j	weit(er)(-)	nK	Eule	nK	Teufel	
nK	Stein	v	zeigen	nK	Feuer	nK	Zeug	
nA	Streich	nA	Zeit	nA	Freude			
nK	Streifen	j	zwei					

 Kurz gesprochene betonte Vokale

 Betonte kurze Vokale werden nicht gekennzeichnet in rund zwei Dutzend kurzen Wörtern.

 Ansonsten gilt eine strenge Regel:

KEINE zusätzliche Markierung,

- wenn nach dem Vokal EIN Laut folgt, der aber als ZWEI (oder DREI) Buchstaben geschrieben wird, \<ch\>, \<ng\>, \<sch\> (siehe U 22);

- wenn ZWEI Konsonanten nach dem Vokal ZU HÖREN sind (dazu zählt auch \<x\>), siehe U 23 – dieser Fall ist der häufigste;

DOPPLUNG des nachfolgenden Konsonanten, wenn nur EIN Konsonant nach dem Vokal zu hören ist: \<bb\>, \<dd\>, \<ff\>, ... (siehe U 24);

- \<ck\> steht dabei statt \<kk\>, \<tz\> statt \<zz\> (siehe U 25).

136

ab, am etc. Umkehrliste U 21: Kurzvokale ohne Kennzeichnung (Minderheit)

Keine Modellwörter, weil kurze Liste.

	ab(-)		das	nN	Januar		um
	am		des	nN	Mama, Mami *		vom
	an		es		man		von
nN	Anorak	v	hat		mit(-)		warum
v	bin	a	her'um		ob		was
	bis		hin(-)	nN	Papa, Papi	a	weg
a	dar'an, dran *		im	nK	Pipi		zum
a	dar'in, drin *		in	nK	Pony		zur

Sehr ähnlich verhalten sich orthographisch einige Vorsilben und Endungen, die aber fast immer unbetont sind.

(-chen)	(-in)	(-un)	(zer-)
(-ig)	(-nis)	(ver-)	(-zig)

ach etc. Umkehrliste U 22: Kurzvokal vor <ch>, <ng>, <sch> wird nicht zusätzlich markiert.

	<ch>, <chs>	nK	Kirche	nA	**Sache**	nA	Woche
	ach	nK	Knecht	nK	Schachtel		
j	acht	nK	Knochen	v	schlachten		**<ng>**
nK	Bach	v	kochen	j	schlecht	nK	Angel
nK	Becher	nA	Krach	v	schlichen	nA	Angst
v	brachten	nK	Küche	j	schwach	v	bringen
v	brechen	v	lachen	j	sechs *	nK	Ding
nK	**Dach**	v	lächeln		sich	j	eng
v	dachten	nA	Licht	j	sicher	nK	Engel
	dich	nK	**Loch**	nA	Sicht	v	fangen
j	dicht	v	machen		solcher	nK	**Finger**
a	doch	j	mancher	v	sprechen	nK	Gang
nK	Drachen		mich	v	stechen	v	gelingen
a	durch	nK	Milch	nK	Storch	v	hängen
j	echt	nK	Nachbar	nK	Strich	nA	Hunger
nK	Fach	nN	Nacht	nK	Tochter	j	jung
j	frech		nicht	j	tüchtig	v	klingen
nK	**Fuchs**	a	noch	j	wach	a,j	lang(e)
nA	Furcht	nA	Pech	v	wachsen	nA	Menge
nA	Geschichte	v	rechnen	nA	Wechsel		peng(peng)
	ich		recht, R.	j	welcher	nK	Ring
		v	richten	j	wichtig		

137

nK	Schlange	nK	**Zunge**	nK	Fisch	nK	Tasche
v	singen			nK	**Flasche**	nK	**Tisch**
v	springen		**<sch>**	j	frisch	v	waschen
nK	Stange	nK	Busch	nK	**Frosch**	p	zwischen
j	streng	v	dreschen	v	mischen		
nK	**Zange**	v	er'wischen	j	rasch		

arg etc. Umkehrliste U 23: Vor zwei (oder mehr) hörbaren Konsonanten wird der betonte Kurzvokal nicht zusätzlich markiert

Wörter, bei denen <ch> oder <ng> ein weiterer Konsonant folgt (zum Beispiel *acht* oder *Angst*), sind bereits in U 22 aufgeführt.

nA	Ärger	nK	Dorf	nK	Form	nN	Herbst
	als	a	dort	nK	Forst	a	her'unter
a	also	v	dürfen	a	fort	nK	Herz
j	alt	j	dunk(e)le	j	fremd	nK	Hexe
nK	Amsel	nA	Durst	j	fünf	a	hinten
j	andere		einander *	nK	Gans	p	hinter
nA	Antwort *	nK	Elefant	j	ganz	nK	Hirsch
nK	**Apfel**	j	elektr'isch	nK	Garten	nK	**Holz**
j	arm	j	elf	nK	Gast	nK	Horn
nK	Arm	nK	Eltern *	j	gelb	j	hübsch
nK	Ast	nA	Ende	nK	Geld	v	hüpfen
a	bald		(ent-) *	v	gelten	nK	Hund
nK	Band	nK	**Ente**	a	gern(e)	j	hundert
nK	Bank	nK	Erbse	j	ge'schwind	nK	**Insel**
v	basteln		ernst, Ernst	nK	Gespenst		irgend
nK	Berg	nA	Ernte	a	gestern	v	ist
j	beste	a	etwa	j	gesund	j	kalt
nK	Bild		etwas *	nK	Gewand	nA	Kampf
v	binden	a	extra	v	glänzen	nK	Karte
nK	Birne	j	falsch	nK	Gold	nN	Kasper(l,le)
v	bist	nK	Farbe	nA	Grund	nK	**Kasten**
j	blind	a	fast	nK	Gürtel	nK	Kerl
j	blond	nK	Feld		hast, Hast	nK	Kerze
v	boxen	nK	**Felsen**	nA	Hälfte	nK	Kind
nK	Bremse	nK	Fenster	j	halbe	nK	Kirche
nK	Bürste	j	fern	nK	Hals	nK	Kirsche
j	bunt	j	fertig		halt	nK	Kiste
nK	Burg		fest, Fest	nK	Hamster	v	klopfen
nK	Dank	nK	Film	nK	Hand	nK	Knopf
v	darf	v	finden	v	handeln	nK	Körper
v	denken	nA	Firma	j	hart	nA	Konzert
nN	Dezember	v	flüstern	nK	**Heft**	nK	Kopf
a,j	direkt	v	folgen	v	helfen	nK	Korb
nK	Doktor	v	fordern *	nK	Hemd	nK	Korn

138

v	kosten	v	parken		selber	nK	Volk
nA	Kraft	nK	Paste	j	selten	p	vorn(e)
j	krank		pflanzen, Pf.	v	senden	nK	Wald
nA	Kunst	nK	Pflaster	nN	September	nK	Wand
nK	Kurve	nA	Pfund	j	silbern	v	wandern
j	kurz	nK	Pilz	v	sind	j	warm
nK	Lampe	nK	Plast'ik		sondern	v	warten
nK	Land	nK	**Post**		sonst	nK	Welt
nK	Last	j	prakt'isch *	v	sorgen	v	werfen
v	lernen	nK	Prinz	nA	Sport	nK	Werk
j	linke	nK	Punkt	nK	Stadt *	nA	Westen
nK	**Luft**	v	purzeln	nK	Stand	j	wild
nA	Lust	nK	Quark	j	stark	nA	Wind
v	lutschen	nA	Quatsch	v	sterben	nN	**Winter**
nN	März	nK	Rand	nK	Stern	v	wird
nK	**Mantel**	nK	Ranzen	nK	Stift	v	wirken
nK	Mark(e)	nA	Rest	v	stolpern	v	wirst
nK	Markt	j	rund	j	stolz	nK	Wirt
v	melden	v	rutschen	v	stopfen	nK	Wolf
nK	Mensch	nK	**Saft**	nK	Strand	nK	Wolke
v	merken	nK	Salz	nK	Strumpf	v	worden, ge'w.
nA	Milliarde	nN	Sams'tag	v	stürzen	nA	Wort
nK	Mist	nK	Sand	nA	Stunde	nK	Würfel
j	modern	v	sandten	nA	Sturm	v	wundern
v	mochten, -ö-	j	scharf	v	tanken	nA	Wunsch
nA	Moment	v	schenken	nK	Tante	v	wurden, -ü-
	morgen, M.	nK	Scherbe	v	tanzen	nK	Wurm
nK	Mund	nK	Schild	nK	**Topf**	nK	Wurst
nK	Nelke	v	schimpfen	v	trinken	nK	Wurzel
nK	Nest	j	schlank	nK	**Tulpe**	v	zanken
nA	Norden	v	schmelzen	nK	Turm	nK	Zelt
nN	November *	nK	Schrank	v	turnen	nK	Zirkus
a	oft	nK	Schrift		und	nK	Zopf
nK	Onkel	nK	Schulter		uns	nK	Zwerg
v	ordnen	nK	Schwanz	p	unten	j	zwölf
nK	Ort	j	schwarz	p	unter		
nA	Osten	nK	Schwester	j	ver'wandt		

mm etc. Umkehrliste U 24: Konsonanten-Dopplungen <bb>, <dd>, <ff>, <gg>, <ll>, <mm>, <nn>, <pp>, <rr>, <ss>, <tt>

Dass die Liste der Wörter mit <ss> stark zugenommen hat, ist die wichtigste Auswirkung der Rechtschreibreform auf den Orientierungswortschatz.

<bb>		**<dd>**		**<ff>**		v	hoffen
v	knabbern	nK	Pudding	nK	**Affe**	nK	Kaffee *
v	krabbeln	nK	Teddy	nK	Giraffe	nK	Kartoffel
				v	griffen	v	kniffen

139

nK	Koffer	j	dumm		**\<pp\>**	nK	Schloss ®
nK	**Löffel**	v	ge'nommen			nK	Schlüssel
v	öffnen *	nK	Gummi	v	kippen	nA	Schluss ®
j	offen	nK	**Hammer**	v	klappen	v	schmissen ®
v	pfiffen	nK	Himmel	v	klappern	nA	Schuss ®
v	schaffen	a	immer *	nK	**Lappen**	nK	**Tasse** ®
nK	Schiff	nK	Kamm	nK	Lippe	nK	Wasser
v	soffen	v	kommen	nK	**Puppe**		wissen, W. ®
nK	Stoff	j	krumm	v	schleppen		
v	treffen	nA	Nummer	v	schnappen		
nK	Waffe	nA	Programm		stopp * ®		**\<tt\>**
		v	sammeln *	nK	Suppe	nK	**Bett**
	\<gg\>	j	schlimm	nK	Teppich		bitte, Bitte *
nK	Bagger	nK	Schramme	nK	**Treppe**	j	bitter
		v	schwimmen			nK	Blatt
	\<ll\>	nN	**Sommer**		**\<rr\>**	nK	Brett
	alle	nK	**Stamm**	nK	Herr	nK	Butter
nK	**Ball**	nA	Stimme	v	irre(n)	j	dritte
v	bellen	nK	Telegramm	nK	Pfarrer	nK	Fett
j	bill'ig	nK	Trommel			nK	Futter
nK	Brille	nK	Zimmer		**\<ss\>**	nK	Gitter
nK	Bulle	a	zu'sammen *	v	bissen * ®	j	glatt
nA	Fall			j	besser ®	nN	Gott
nK	Fell		**\<nn\>**		biss'chen * ®	v	hatten, -ä-
v	füllen	v	brennen		dass * ®	nK	**Hütte**
	hallo	nK	Brunnen		dessen *	j	kaputt
j	hell	a	dann		**essen** ®	nK	Kette
nK	Keller		denn	nK	**Fass** ®	v	klettern
v	knallen	v	donnern	v	fassen ®	v	litten
nK	Kralle	j	dünn	v	flossen ®	nN	Mittag *
nK	Müll	v	gewinnen	nK	**Fluss** ®	nA	**Mitte**
nA	Null	a	innen	v	fressen ®	nN	Mutter, Mutti
nK	Pulli	v	kann	v	frisst ®	j	nett
nK	**Rolle**	nK	**Kanne**	v	ge'nossen ®	nK	Platte
j	schnell	v	kennen	v	ge'sessen	v	retten
v	sollen	nK	**Kinn**	v	gossen ®	v	ritten
nK	Stall	v	können	nA	Interesse	j	satt
nK	Stelle	nK	Mann *	v	isst ®	nK	Schlitten
j	still	v	nennen	nK	**Kissen**	nE	Schmetter'ling
nK	**Teller**	nK	Pfanne	nK	Klasse ®	v	schnitten
j	toll (doll)	nK	Pfennig	nA	Kuss ®	nA	Schritt
j	voll	v	rennen	v	lassen ®	v	schütteln
nK	Welle	nA	Sinn	nK	Masse	nK	Sittich
v	will	nN	**Sonne**	v	messen ®		statt *
nK	**Wolle**	nK	Spinne	nK	**Messer**	nK	Toilette
v	wollen	nK	Tanne	v	müssen ®	v	tritt
			wann	j	nass ®	nK	Vetter
	\<mm\>	nK	**Wanne**	nK	**Nuss** ®	v	wetten
v	brummen		wenn	v	passen ®	nA	Wetter
				v	rissen ®	nK	**Zettel**

140

ck-tz Umkehrliste U 25: Dopplungs-Sonderfälle <ck> und <tz>

<ck>

nK Acker
nK **Backe**
v backen
nA Blick
nK Block
nK Brücke
nK Dackel
nK Decke
j dick
nK Dreck
nA Druck
nK **Ecke**
v er'sticken
nK Fleck
nA Glück
v gucken
nK Hacke

nK **Jacke**
v jucken
nK Kuckuck *
j lecker
nK Mücke
j nackt *
v packen
v pflücken
nK **Rock**
  rücken, R.
nK Sack
v schicken
v schlucken
v schmecken
nK Schnecke
nA Schreck
nK Socken
v spucken
  stecken, St.

nK Stock
nK Stück
nA Trick
j trocken
v wackeln
nK Wecker
nK Zucker
a zu'rück(-)

<tz>

nA Blitz
nA **Hitze**
a jetzt
nK **Katze**
v kitzeln
v kratzen
j letzte
nK Metzger

nK **Mütze**
nA Nutzen
nK Platz
j plötz'lich
v putzen
nA Satz
nK Schmutz
nA Schutz
v schwitzen
v setzen
nK Sitz
nK Spatz
j spitz
v spritzen
  trotz, Trotz
v verletzen
nA **Witz**

Regelungen und Modellwörter

6.3 Morphologie (Wortbausteine)

PR 2 Morphemprinzip: Wortbausteine werden möglichst gleich geschrieben. (Beachte die Wortverwandtschaft!)

Diese Basis-Regelung erfordert bei genauer Betrachtung drei zusammenhängende Operationen:

1. Bei jedem Wort muß man untersuchen, ob es aus Wortbausteinen besteht. Zum Beispiel: *Einzelkind* → *einzel(n)* + *Kind*, *Baumhäuser* → *Baum* + *Häuser*, *Kilogramm* → *Kilo* + *Gramm*, *Wahlgang* → *Wahl* + *Gang*.

   Bei *Häuser* und *Wahl* sieht man, dass die hier getrennt vorgeführten Schritte eng verbunden sind: Das Zerlegen hängt mit dem Finden der Stützform zusammen, siehe nachfolgend.

2. Wenn die Teile erkannt sind, muss man prüfen, ob es eine verwandte Form gibt, eine so genannte Stützform, von der die Schreibung streng regelhaft abzuleiten ist. (Die Stützform ist sozusagen die Mutter jeder Wortfamilie.) *Häuser* ← *Haus*, *Kind* ← *Kinder*, *Weg* ← *Wege*.

3. Außerdem gibt es Elemente der Schreibung in der Stützform, die den Regelungen LI, LV und KV folgen und die allen Mitgliedern gemeinsam sind. *Kilo* hat einfaches <i>, auch *Kilometer*, *Wahl* wird mit <h> geschrieben, auch *wählen*.

Eine Liste der Stützformen aus der *Alphabetischen Orientierungsliste* bietet Kapitel 7. Dort sind auch alle häufigen unselbstständigen Morpheme enthalten, die HM aus dem Problemprofil.

Eine Besonderheit stellen unselbstständige Elemente (zum Beispiel Vor- und Endsilben) dar.

HM Häufige unselbstständige Morpheme

-ung etc. Umkehrliste U 26: Häufige unselbstständige Morpheme

Vorsicht: Nicht alle zusammengesetzten Formen sind ohne weiteres zerlegbar: *fehlen* in *befehlen* hat eine besondere Bedeutung, *lauben* in *erlauben* gar keine eigene.

Eine vollständige Auflistung der Wörter mit unselbstständigen Morphemen aus der *Alphabetischen Orientierungsliste* ist in Kapitel 7.1 enthalten.

(-bar)	(ein-)	(-fach)	(-ieren) *
(be-)	(ent-) *	(ge-)	(-ig) *
(-chen)	(er-)	(-heit)	(-ik)

142

(-in) *	(-lich) *	(-schaft)	(zer-)
(-isch)	(-ling)	(un-)	(-zig)
(-keit)	(-nis) *	(-ung)	
(-lein)	(-sam) *	(ver-)	

Die zweite Operation zur Basis-Regelung PR 2 realisiert sich in zwei Teilen, und in dieser Form kann man Kindern das PR 2 erläutern:

KA Auslaut ableiten (sog. Auslautverhärtung) und   **VA** <ä> aus <a> ableiten, a-Umlaut.

Modellwörter gibt es nur für die tatsächlichen Ableitungsfälle, falls die Liste nicht allzu kurz ist.

Keine Modellwörter gibt es also in Umkehrlisten, wenn beim Ableiten kein Unterschied hörbar wird oder gar keine Ableitung stattfinden kann. Sie sind gleichwohl als Übungsmaterial hilfreich, damit die ableitbaren Fälle deutlicher werden können.

KA- Es wird <b>, <d>, <g> oder <s> geschrieben, obwohl durch Verlängerung nicht ermittelbar, weil es keine verlängerte Form gibt oder weil <b>, <d>, <g>, <s> nicht am Stammende stehen.

$b \leftarrow \varnothing$ etc.   Umkehrliste U 27: Nicht ableitbares <b>, <d>, <g>, <s>

Ein scharf gesprochenes /s/ in Konsonantenfolgen (sehr häufig ist: /s/ vor /t/) wird immer als <s> geschrieben: *Angst, Ast, Hamster, husten, Kasper, Wurst.* Diese Wörter werden daher in KA+ gegen Ende aufgeführt. (Jedoch Endung beachten: Bei scharf gesprochenem /s/ muss man erst den Stamm zu finden versuchen, um zu verlängern, zum Beispiel: *lest → les + t*; *beißt → beiß + t.*)

Keine Modellwörter, weil kurze Listen.

	<b>		jemand *		**<g>**		das *
	ab(-)	nA	Jugend	a	weg		des *
nK	Erbse	nK	Mädchen			nN	Diens'tag
nN	Herbst	j	niedlich *		**<s>**		es
j	hübsch	v	seid *		als		etwas, was *
	ob	v	sind		aus	nK	Reis
nK	Obst		und	p	bis *	nN	Sams'tag
				v	bist	j	sechs *
	<d>			nK	Bus *		was
	irgend			a	dar'aus	nK	Zirkus *

143

KA+ Am Stammende wird <b>, <d>, <g>, <s> bzw. <v> geschrieben, obwohl /p/, /t/, /k/, /ç/, scharfes /s/ bzw. /f/ gesprochen wird. Man ermittelt diese Schreibung durch Verlängern des Stammes; in der verlängerten Form muss dem Stamm ein Vokal folgen.

In den Umkehrlisten sind – jeweils getrennt – auch Wörter enthalten, bei denen dem Stamm in der Nennform schon ein Vokal folgt. (Im Problemprofil der *Alphabetischen Orientierungsliste* durch < markiert.) Diese Wörter sind zum Üben von Zeitformen, Verkleinerungen usw. geeignet, in denen diesem Konsonanten ein weiterer Konsonant oder zum Beispiel ein Ableitungsmorphem folgt. Vgl. in U 28 *bleiben – bleibst, Scheibe – Scheibchen*; in U 29 *braten – brätst, Flöte – Flötchen*.

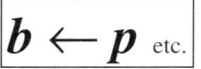 Umkehrliste U 28: <b> statt <p>, <d> statt <t>, <g> statt <k> bzw. <ch>, <s> statt <ß>, <v> statt <f>, weil man es beim Verlängern hört.

<b> statt <p>		v	schrieben	nA	Grad	nA	Wind
nK	Bub(e)	j	sieben *	nA	Grund	v	wird
nK	**Dieb**	v	sterben	nK	Hand		
j	**gelb**	nK	Stube	nK	Hemd	j	beide
v	gibt *	nK	**Taube**	nK	Herd	v	binden
nK	Grab	v	treiben	nK	**Hund**	nA	Ende
nK	Korb	v	trieben		jemand *	nK	Erde
j	lieb	v	üben	nK	**Kind**	nK	Faden
nK	Stab			nK	Kleid	v	finden
nA	Urlaub *	**<d> statt <t>**		nK	Land	nA	Freude
		nN	Abend	nA	Lied	nA	Frieden
v	bleiben	nK	**Bad**	nN	Mond	a,j	gerade, grade
v	blieben	a	bald	nK	Mund		laden, Laden
v	erlauben	nK	Band		niemand *	v	leiden
nK	Farbe	nA	Bescheid	nK	Pferd	nK	Marmelade
v	geben	nK	Bild	nA	Pfund	v	melden
nA	Glaube(n)	j	blind	nK	Rad	j	müde
v	haben	j	blöd	nK	Rand	nA	Norden
j	halbe	j	blond	j	rund	a	schade
v	heben	nK	Feind	nK	Sand	v	schneiden
v	kleben	nK	Feld	nK	Schild	nK	Schokolade
	leben, Leben	j	fremd	nK	Stand	v	senden
v	rauben	nK	Freund	nK	Strand	nA	**Stunde**
nK	Scheibe	nK	Gegend	j	tausend	nA	**Süden**
nK	Scherbe	nK	Geld	nA	Tod *	v	werden
v	schieben	j	ge'schwind	p	währen'd	v	wurden, -ü-
v	schoben	j	gesund	nK	Wald		
nK	Schraube	nK	Gewand	nK	Wand		
v	schreiben	nK	Gold	j	wild		

144

\<g> statt \<k>	v	folgen	j	los	nK	Gast
bzw. \<ch>	v	jagen	nK	Maus	nK	Geist
nK Berg	v	klagen	nA	Preis	nK	Gespenst
j bill'ig	nK	**Kragen**		uns	a	gestern
nK Burg	v	kriegen				hast, Hast
j dreiß'ig *	v	legen	j	böse	nK	Hamster
j fertig	v	liegen	nK	**Bremse**	nN	Herbst
nA Flug	v	lügen		dieser		husten, Husten
a genug	v	mögen	nK	Dose	nA	Industrie
(-ig) *	v	pflegen	nK	Felsen	v	ist
j klug	v	sägen	nK	**Hase**	nN	Kasper(l,le)
nK König	v	sagen	nK	Hose	nA	Kunst
nA Krieg	v	schlagen	j	leise	nK	Last
nN Mittag *	v	schweigen	v	lesen	v	leisten
nK Pfennig	v	schwiegen	nK	Nase	nA	Lust
nK Pflug	v	sorgen	nA	Pause	nK	Meister
j schwier'ig	v	steigen	nA	Reise	nK	Mist
nA **Tag**	v	stiegen	nK	Rose	nK	Nest
j tüchtig	v	tragen	v	sausen	nK	Obst
nK Weg	v	wagen			nN	Ostern
j **wenig**	v	zeigen	nA	Angst	nK	Paste
j wichtig		(-zig)	nK	Ast	nK	Pflaster
nK Zeug	v	zogen	nN	August *	nK	Pistole
nK **Zug** *			v	basteln	nK	Post
nK Zwerg		**\<s> statt \<ß>**	v	bist	v	pusten
	j	eins	nA	Durst	nK	Schwester
nK **Auge**	nK	Eis		ernst, Ernst		sonst
v biegen	nK	**Gans**	j	erst	v	wirst
v bogen	nK	Glas	a	fast	nK	Wurst
j einzige	nK	**Gras**	nK	Faust		
v fegen	nK	**Hals**	nK	Fenster		**\<v> statt \<f>**
nK Feige	nK	Haus		fest, Fest	j	brav
nK Fliege	nK	Kreis	v	flüstern		
v flogen	v	liest	nK	Forst	nK	Kurve

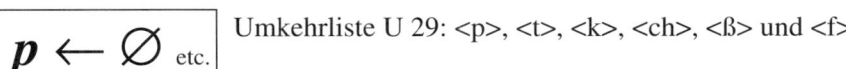

$$p \leftarrow \emptyset \text{ etc.}$$ Umkehrliste U 29: \<p>, \<t>, \<k>, \<ch>, \<ß> und \<f>

Man schreibt \<p>, \<t>, \<k>, \<ch>, \<ß> bzw. \<f>, wenn

- Verlängern nicht möglich oder
- \<p>, \<t>, \<k>, \<ch>, \<ß> bzw. \<f> auch beim Verlängern zu hören ist.

Zu \<ß> werden Modellwörter angeboten, weil die Reform diesen Regelbereich verändert hat. (Vergleiche auch den Vorspann zu \<mm> Umkehrliste U 24.) Dass \<ß> jetzt nur noch nach langen Vokalen vorkommt, bedeutet eine Stärkung von PR 2, dem Morphemprinzip. Denn nach kurzen Vokalen bleibt jetzt \<ss>

Regelungen und Modellwörter

145

genauso bestehen wie zum Beispiel <ll> oder <mm>; <passt> entspricht jetzt <knallt> oder <kommt>.

	<p>	j	echt	nA	Lust	nK	Zelt
	stopp * ®	nK	Elefant	nK	Markt		
			ernst, Ernst	nK	Mist	v	baten
nK	Haupt	j	erst	nN	Mittag *	j	beste
v	kippen		etwas, was *	nA	Moment	v	beten
v	klappen	a	fast	nA	Monat	v	bieten
nK	Lampe	nK	Faust	v	musst ®		bitte, Bitte *
nK	Lappen		fest, Fest	nA	Mut	v	boten
nK	Lippe	nK	Fett	nN	Nacht	v	brachten
v	piepen	nK	Forst	j	nackt *	v	braten
nK	Puppe	v	frisst ®	nK	Nest	nK	Bürste
nK	Raupe	nA	Furcht	j	nett	v	dachten
v	schleppen	nK	Gast		nicht	j	dritte
v	schnappen	nA	Geburt	nA	Not	nK	Ente
nK	Suppe	nK	Geist	nK	Obst	nK	Flöte
nK	Treppe	nK	Gerät	a	oft	nK	Garten
		nK	Gespenst	nK	Ort	v	gelten
	<t>	v	gibt *	nK	Paket	nA	Geschichte
j	acht	j	glatt	nK	Post	v	hatten, -ä-
j	alt	nN	Gott	nK	Punkt	v	heiraten
nA	Angst	j	gut		recht, R.	a	heute *
nA	Antwort *		hast, Hast	nA	Rest	v	hielten
nA	Appetit	j	hart	j	rot	nK	Hütte
nA	Arbeit	nK	Haupt	nK	Saft	v	kannten
nA	Art	nK	Haut	nK	Salat	nK	Karte
nK	Arzt	nK	Heft	j	satt	nK	Kasten
nK	Ast	nN	Herbst	j	schlecht	nK	Kette
nN	August *	j	hundert	nK	Schrift	nK	Kiste
nK	Bart	nK	Hut	nA	Schritt	v	konnten
j	bereit	v	isst ®		seit *	v	kosten
nK	Bett	v	ist	nK	Soldat	j	letzte
v	bist	nK	Joghurt *		sonst	v	leuchten
nK	Blatt	j	kalt		statt *	nK	Leute
nK	Blut	j	kaputt	nK	Stift	v	litten
nK	Boot	nK	Knecht	nA	Streit	a,j	meiste(ns)
j	breit	nA	Konzert	j	tot *	nA	Minute
nK	Brett	nA	Kraft	v	tritt	nA	Mitte
nK	Brot	nA	Kunst	nK	Welt	nN	Mutter
j	bunt	nK	Last		wert, Wert	j	nächste *
j	deut'lich	v	lässt ®	v	wirst	v	nannten
j	dicht	j	laut	nK	Wirt	nA	Osten
a,j	direkt	j	leicht	nA	Wort	nK	Plast'ik
a	dort	nA	Licht	nK	Wurst	nK	Platte
nK	Draht	v	liest	nA	Wut	v	rannten
nA	Durst	nK	Luft	nA	Zeit	v	raten

146

v	reiten	nK	Backe		(-lich) *	j	große
v	rieten	v	backen	nA	Licht	v	grüßen
v	ritten	nK	Brücke		mich	v	heißen
v	richten	nK	Decke	nK	Milch	v	hießen
v	schlachten	v	denken		nicht	v	ließen
v	schnitten	j	dunk(e)le	nA	Pech	v	reißen
nK	Seite	nK	Ecke	v	rechnen	v	saßen
v	sollten	v	er'sticken	j	recht	v	schließen
nK	Tante	v	gucken	j	reich	v	schmeißen
v	taten	nK	Hacke	v	richten	nK	Soße
nK	Tomate	nK	Jacke	j	schlecht	v	stießen
v	treten	v	jucken		sich	v	**stoßen**
nK	Tüte	j	lecker	nA	Sicht	nK	Straße
v	warten	j	linke	nK	Sittich		
nA	Westen	v	merken	nK	Storch		**<f>**
v	wetten	nK	Mücke	nA	Streich		
v	wollten	v	packen	nK	Strich	nk	Heft
v	wussten, -ü- ®	v	parken	nK	Teppich	nA	Kraft
		v	pflücken	j	tüchtig	nK	Luft
	<k>		rücken, R.	j	weich	a	oft
		v	schenken	j	wichtig	nK	Saft
nK	Anorak	v	schicken				(-schaft)
nK	Bank	v	schlucken	v	brechen	j	scharf
nA	Blick	v	schmecken	nK	Eiche	nK	Schrift
nK	Block	nK	Schnecke	nK	Kirche	nK	Stift
nK	Dank	v	spucken	v	kriechen		
j	dick		stecken, St.	j	mancher	nK	Affe
a,j	direkt	v	tanken	v	riechen	v	dürfen
nK	Dreck	v	trinken	v	schleichen	v	greifen
nA	Druck	j	trocken	v	schlichen	v	griffen
nK	Fabr'ik *	nK	Wecker		solcher	nK	Haufen
nK	Fleck	v	wirken	v	sprechen	v	helfen
nA	Glück	nK	Wolke	v	stechen	v	hoffen
j	krank	v	zanken		welcher	nK	Kaffee *
nK	Kuckuck *					v	kaufen
nK	Markt		**<ch>**		**<ß>**	v	kneifen
j	nackt *					v	liefen
j	prakt'isch *	j	deut'lich	j	**bloß**	nK	Ofen
nK	Punkt		dich	nA	Fleiß	j	offen
nK	Rock		dicht	nK	**Fuß**	v	pfeifen
nK	Sack		durch	j	**heiß**	v	riefen
j	schlank	j	echt	nA	Spaß	v	rufen
nK	Schrank		euch	j	süß	v	saufen
nA	Schreck	j	frech	j	weiß	v	schaffen
j	stark	nA	Furcht			v	schlafen
nK	Stock	nA	Geschichte	v	aßen	nK	Schleife
nK	Stück	j	gleich	v	**beißen**	v	schliefen
nA	Trick		ich	v	fließen	v	schufen
nK	Volk	nK	Knecht	v	fraßen	nK	Seife
nK	Werk	j	leicht	v	ge'nießen	v	soffen
	zurück	v	leuchten	v	gießen	nA	Strafe

Regelungen und Modellwörter

nK Streifen	v trafen	nK Waffe	nK Würfel
nK Stufe	v treffen	v werfen	

VA- Fast immer kann <ä> aus <a> bzw. <äu> aus <au> abgeleitet werden. Ist eine Ableitung von <a> bzw. <au> nicht möglich, wird <e> bzw. <eu> geschrieben. In einigen wenigen Wörtern wird jedoch

- <ä> bzw. <äu> geschrieben, obwohl Ableitung von <a> bzw. <au> nicht möglich ist, bzw.

- <e> geschrieben, obwohl <ä> zu erwarten wäre.

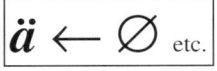 Umkehrliste U 30: Nicht ableitbares <ä> (bzw. <äu>, das in der *Alphabetischen Orientierungsliste* nicht vorkommt, in Wörtern wie z.B. *Säule*) und erwartungswidriges <e>

Keine Modellwörter, weil kurze Liste.

<ä>	nK Käfer	nA Mär'chen	**<e>**
nA Ärger	nK Käse	nN März	nK Eltern *
nK Bär	nK Kapitän	v säen	
nK Gerät	nK Mäd'chen	a,j spät(er)	
nA Hälfte	v mähen	p währen'd	

VA+ <ä> kann aus <a> bzw. <äu> aus <au> abgeleitet werden. Ist eine Ableitung von <a> bzw. <au> nicht möglich, wird <e> bzw. <eu> geschrieben.

In den Umkehrlisten sind auch Wörter mit <a> bzw. <au> enthalten, die zu <ä> bzw. <äu> umgelautet werden können. (Im Problemprofil der *Alphabetischen Orientierungsliste* durch < markiert.) Diese Wörter sind zum Üben von Zeitformen, Verkleinerungen usw. gedacht.

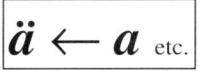 Umkehrliste U 31: Ableitbares <ä> bzw. <äu> sowie nicht von <a> bzw. <au> ableitbares <e> bzw. <eu>. (Zu <e> und <eu> keine Modellwörter, s.o.)

<ä>	v lässt ®	nK Acker	nA Angst
v glänzen	j nächste *	nK Affe	nK Anorak
v hängen	v nähen	v ahnen	nK Apfel
v hätten	j ungefähr *	j alt	j arm
v lächeln		j andere	nK Arm

148

nK	Arzt	v	jagen	nA	Programm	v	taten
nK	**Ast**	nA	Jahr	nK	Rad	nK	Tomate
nK	Bach	nK	Kaffee *	nK	Rand	v	trafen
nK	Backe	j	kalt	nK	Ranzen	v	tragen
v	backen	v	kamen	v	raten	nN	Vater, Vati
nK	Bad	nK	Kamm	nA	Sache	j	wach
a	bald	nA	Kampf	nK	Sack	v	wachsen
nK	Ball	nK	Kanne	nK	Saft	v	wagen
nK	Banane	nK	Karte	v	sahen	nK	Wagen
nK	Band	nK	Kasten	nK	Salat	nA	Wahl
nK	Bank	nK	Katze	v	saßen	j	wahr *
nK	Bart	v	klagen	j	satt	nK	Wald
nK	Blatt	j	klar	nA	Satz	nK	Wand
v	brachten	nK	Klasse ®	nK	Schachtel	nK	Wanne
v	braten	nA	Krach	a	schade	v	waren, -ä- *
nK	Dach	nA	Kraft	nK	Schaf	j	warm
v	dachten	nK	Kragen	j	scharf	v	warten
nK	Dame	j	krank	v	schlachten	v	waschen
nK	Draht	v	kratzen	v	schlafen	nK	Wasser
nK	Elefant	v	lachen	v	schlagen	nA	Zahl
nK	Fach		laden, Laden	nK	Schlange	nK	Zahn
nK	Faden	j	lahm	nK	Schnabel	v	zanken
v	fahren	nK	Lampe	nK	Schokolade		
nA	Fall	nK	Land	nK	Schramme		
j	falsch	a,j	lang(e)	nK	Schrank		**<äu>**
v	fangen	nK	Lappen	j	schwach	nK	Gebäude
nK	Farbe	v	lassen ®	nK	Schwanz		
nK	Fass ®	nK	Last	j	schwarz	nK	Auge
nK	Flasche	nK	Mann *	v	sparen	p	außen *
nK	Gang	nK	Mantel	nA	Spaß	p	außer
nK	Gans	nK	Mark(e)	nK	Spatz	nK	Bau
j	ganz	nK	Markt	nA	Sprache	nK	**Bauch**
nK	Garten	nK	Marmelade	nK	Stab	nK	Bauer *
nK	**Gast**	a,p	nach(-) *	nK	Stadt *	nK	Baum
nA	Gefahr	nN	Nacht	nK	Stall	j	blau
nK	Gewand	nK	**Nagel**	nK	Stamm	v	brauchen
nK	Glas	j	nah(e)	nK	Stand	j	braun
j	glatt	v	nahmen	nK	Stange	nK	Daumen
nK	Grab	nA	Name	j	stark	j	faul
nK	Gras	nK	Nase	nA	Strafe	nK	Faust
nK	Haar	j	nass ®	nK	Strand	nK	Frau
nK	**Hafen**	nK	paar, Paar *	nK	Straße	nK	Gaul
nK	Hahn	v	packen	nK	Tafel	nA	Glaube(n)
nK	Hals	v	passen ®	nA	Tag	j	grau
nK	Hammer	nK	Pfanne	nK	**Tal**	nK	Haufen
nK	Hand		pflanzen, Pf.	nK	Tanne	nK	Haupt
j	hart	nK	Pflaster	nK	Tante	nK	Haus
nK	Hase	nK	Plan	v	tanzen	nK	Haut
v	hatten	nK	Platte	nK	Tasche	v	kauen
nK	Jacke	nK	Platz	nK	Tasse ®	v	kaufen
						nA	Lauf

149

j	laut	j	echt	a	gestern	v	nennen
nK	Mauer	nK	Ecke	nK	Hebel *	nK	Nest
nK	Maus		ehe	v	heben	j	nett
nA	Pause	nA	Ehe	nK	Heft	nN	November *
v	rauben	j	elektr'isch	v	helfen	nK	Paket
nK	Rauch	j	elf	j	hell	nA	Pech
nK	Raum	nA	Ende	nK	Hemd		peng(peng)
nK	Raupe	j	eng	a	her(-)	nK	Pfennig
v	rauschen	nK	Engel	nN	Herbst	nK	Pferd
j	sauber	nK	Ente	nK	Herd	v	pflegen
v	saufen		er	nK	Herr	nA	Problem
v	sausen	nK	Erbse	nK	Herz	a	quer
nK	Schaufel	nK	Erde	nK	Hexe	v	rechnen
nK	Schaukel		ernst, Ernst	nA	Interesse		recht, R.
nK	Schaum	nA	Ernte	a	je	v	reden
j	schlau	j	erst		jeder	nK	Regen
nK	Schlauch		es		jemand *	nK	Reh
nK	Schraube	nK	Esel		jener	v	rennen
nK	Taube		essen, Essen ®	a	jetzt	nA	Rest
nA	Traum	a	etwa	v	kehren	v	retten
nK	Zaun		etwas, was *	nK	Keller	v	schenken
		a	extra	v	kennen	nK	Scherbe
	\<e\>	nN	Februar	nK	Kerl	nK	Schere
nK	Becher	nK	Feder	nK	Kerze	j	schlecht
v	befehlen	v	fegen	nK	Kette	v	schleppen
v	bellen	v	fehlen	v	kleben	v	schmecken
nK	Berg	nK	Feld	v	klettern	v	schmelzen
nK	Besen	nK	Fell	nK	Knecht	nE	Schmetter'ling
j	besser ®	nK	Felsen	nA	Konzert	nK	Schnecke
j	beste	nK	Fenster		leben, Leben	j	schnell
v	beten	nA	Ferien	j	lecker	nA	Schreck
nK	Bett	j	fern	v	legen	j	schwer
v	brechen	j	fertig	v	lernen	nK	Schwester
nK	Bremse		fest, Fest	v	lesen	j	sechs *
v	brennen	nK	Fett	j	letzte	v	sehen
nK	Brett	nK	Fleck	nK	Mehl	a	sehr
nK	Decke	j	frech	a	mehr *		selber
	dem	j	fremd	v	melden	j	selten
	den	v	fressen ®	nA	Menge	v	senden
v	denken	v	geben	nK	Mensch	nN	September
	denn	p	gegen	v	merken	v	setzen
	der	nK	Gegend	v	messen ®	nE	Sper'ling
	des *	v	gehen	nK	Messer	v	sprechen
	dessen *	j	gelb	nA	Meter	v	stechen
nN	Dezember	nK	Geld	nK	Metzger		stecken, St.
a,j	direkt	v	gelten	j	modern	v	stehen
nK	Dreck	a	gern(e)	nA	Moment	nK	Stelle
v	drehen	v	geschehen	p	neben	v	sterben
v	dreschen	v	ge'sessen	v	nehmen	nK	Stern
j	eben	nK	Gespenst	nK	Nelke	j	streng

150

nK	Teddy	j	welcher	nK	Zeh(e)	v	freuen
nK	Teller	nK	Welle	j	zehn	nK	Freund
nK	Teppich	nK	Welt	nK	Zelt	nK	Heu
nK	Toilette		wem	nK	Zettel	v	heulen
v	treffen		wen	nK	Zwerg	a	heute *
nK	Treppe	j	wenig			v	leuchten
v	treten		wenn		**<eu>**	nK	Leute
v	verletzen		wer	nK	Beule	j	neu
nK	Vetter	v	werden	j	deut'lich	j	neun
nA	Wechsel	v	werfen		deutsch, D.er	v	schleudern
nK	Wecker	nK	Werk		euch	j	teuer
	weder		wert, Wert		euer, eure	nK	Teufel
a	weg	nA	Westen	nK	Eule	nK	Zeug
nK	Weg	v	wetten	nK	Feuer		
j	weh	nA	Wetter	nA	Freude		

151

6.4 Zur Syntax in der Orthographie

Neben den Prinzipien Pr 1 Phonemprinzip und Pr 2 Morphemprinzip gilt in der deutschen Orthographie – neben einigen kleineren Prinzipien – noch ein weiterer großer Regelkomplex, das Satzprinzip.

Pr 3 Satzprinzip: Beachte Satzbezüge

Leicht zu sehen ist das Satzprinzip hinter zwei (Gruppen von) Regelungen:

- Die Unterscheidung von *das* und *dass* setzt die Unterscheidung zwischen Nebensatztypen voraus;
- die Zeichensetzung, vor allem das Komma, erfordert ein recht weitgehendes syntaktisches Analysevermögen neben dem in der Praxis wichtigen Empfinden für den Sprechrhythmus.

Schwieriger ist zu verstehen, dass das Satzprinzip auch hinter den Großschreibungsregeln steht, und zwar nicht nur beim Satzanfang. Von den so genannten Wortart-Übergängen her ist aber die letztlich syntaktische Begründung der Großschreibung leichter zu sehen; man betrachte die Nominalisierung (wie *das Kichern*, *die Sechs*) und die Denominalisierung (wie *mir ist angst*).

In diesen Fällen stößt die in der Grundschule übliche Orientierung an der Wortart an ihre Grenzen; dieser Bereich wird oft in der Orientierungsstufe behandelt, jedoch selten mit durchschlagendem Erfolg. Fehleruntersuchungen (Balhorn u.a. 1984 und Menzel 1985) haben gezeigt, dass auch die Nomina Abstrakta Kindern große Probleme bereiten, nicht nur in der Grundschule. Deshalb sind im Problemprofil der *Alphabetischen Orientierungsliste* die Nomina (so gut das geht) nach nN (= eigentliche Namen), nE (= Nomina mit eindeutiger Endung), nK (= Nomina Konkreta) und nA (= Nomina Abstrakta) unterteilt. Die eigentlichen Namen und die Nomina Konkreta sind für die Kinder sichere Mitglieder der Wortart Nomen. Die Nomina mit Endung lassen sich formorientiert leicht einordnen.

Im Gegensatz zu wenigen Autoren (Kluge 1989; Röber-Siekmeier 1993) und übereinstimmend mit der üblichen Unterrichtspraxis ist anzunehmen, dass in der Grundschule eine solide syntaktische Orientierung nicht oder jedenfalls für die Rechtschreibung nicht sicher genug erarbeitet werden kann. Daher ist wohl der – vorläufige – Ansatz vom Einzelwort her, also bei der Wortart, eine aus gutem Grund bewährte Praxis. Die Großschreibung muss allerdings in der Sekundarstufe I neu fundiert, nämlich auf die syntaktischen Füße gestellt werden.

Eine Materialsammlung wie der Orientierungswortschatz kann weder umfassende syntaktische Informationen noch methodische Details bieten (vergleiche Bartz u.a. 1999; Kluge 1989; Naumann 1998; Röber-Siekmeyer 1993). Die bei den Nomina getroffene Unterteilung zeigt aber die Kategorien, die für Erfolg versprechenden Unterricht hilfreich sind.

Nomen Umkehrliste U 32: Eigentliche Namen, Nomina mit besonderer Endung, Nomina Konkreta und Nomina Abstrakta

Es sind alle Wörter erfasst, also auch solche ohne Problemprofil.

eigentl. Namen

Abend
April
August *
Deutsch'land
Dezember
Diens'tag
Donner's'tag
Februar
Frei'tag
Gott
Herbst
Januar
Juli
Juni
Kasper(l,le)
März
Mai
Mama, Mami *
Mittag *
Mitt'woch
Mond
Mon'tag
Mutter, Mutti
Nach'mittag
Nacht
November *
Oktober
Oma, Omi
Opa, Opi
Ostern
Papa, Papi *
Sams'tag
September
Sommer
Sonn'abend
Sonne

Sonn'tag
Vater, Vati
Weih'nachten *
Winter

mit Endung

Ahn'ung
Er'klär'ung
Er'leb'nis
Früh'ling
Ge'fäng'nis
Ge'legen'heit
Geschwind'ig'keit
Heiz'ung
Hoffn'ung
Krank'heit
Land'wirt'schaft
Mein'ung
Mög'lich'keit
Ordn'ung
Richt'ung
Schmetter'ling
Schwier'ig'keit
Sper'ling
Tät'ig'keit
Wohn'ung
Zeit'ung
Zeug'nis

Konkreta

Abend'brot
Acker
Adler
Affe
Ameise
Amsel

An'fänger
Angel
Anorak
Apfel
Apfel'saft
Apfel'sine *
Arbeiter
Arm
Arzt
Ast
Auge
Auto
Auto'fahrer
Baby
Baby'puppe
Bach
Backe
Bad
Bade'wanne
Bär
Bagger
Bahn
Bahn'hof
Ball
Banane
Band
Bank
Bart
Batterie
Bau
Bauch
Bauer *
Baum
Becher
Beere
Bein
Berg

Besen
Bett
Beule
Biene
Bier
Bild
Birne
Blatt
Blei
Blei'stift
Block
Blume *
Blut
Boden
Bohne
Bonbon *
Boot
Brei
Bremse
Brett
Brief
Brief'marke
Brille
Bröt'chen
Brot
Bruder
Brücke
Brunnen
Bub(e)
Buch
Buche *
Buch'stabe
Bürste
Bulle
Burg
Bus *
Busch

153

Butter
Butter'brot
Clown
Cowboy
Dach
Dackel
Dame
Dank
Daumen
Decke
Dieb
Diener
Ding
Ding's
Doktor
Dorf
Dose
Drachen
Draht
Dreck
Drei'rad
Ecke
Ei
Eiche
Eich'hörn'chen
Eimer
Eis
Eisen
Eisen'bahn
Elefant
Eltern *
Engel
Ente
Erbse
Erd'beere
Erde
Esel
Eule
Fabr'ik *
Fach
Faden
Fahrer
Fahr'rad
Familie
Farbe
Fass ®
Faust
Feder
Feige
Feind

Feld
Fell
Felsen
Fenster
Fett
Feuer
Figur
Film
Finger
Fisch
Flasche
Fleck
Fleisch
Fliege
Flöte
Flügel *
Flug'zeug
Fluss ®
Förster
Form
Forst
Fräu'lein
Frau
Freund
Freund'in
Friseur
Frosch
Fuchs
Fuß
Fuß'ball
Fuß'boden
Futter
Gabel
Gang
Gans
Garten
Gast
Gaul
Gebäude *
Ge'biet
Ge'büsch
Gegend
Geist
Geld
Ge'müse *
Gerät
Ge'schäft
Ge'schenk
Ge'sicht
Gespenst

Gewand
Giraffe
Gitter
Glas
Gold
Gold'fisch
Grab
Gras
Gürtel
Gummi
Haar
Hacke
Hafen
Hahn
Hai
Hals
Halte'stelle
Hammer
Hamster
Hand
Hand'tuch
Hase
Haufen
Haupt
Haus
Haus'auf'gabe
Haus'frau
Haus'tür
Haut
Hebel *
Heft
Heim
Hemd
Herd
Herr
Herz
Heu
Hexe
Himmel
Hirsch
Höhle
Hös'chen
Hof
Holz
Honig
Horn
Hose
Hütte
Huhn
Hund

Hut
Igel
Indianer
Insel
Jacke
Jäger
Joghurt *
Junge
Käfer
Käfig
Käse
Kaffee *
Kakao
Kamm
Kanin'chen
Kanne
Kapitän
Kapuze
Karte
Kartoffel
Kasten
Kater
Katze
Kau'gummi
Keller
Kerl
Kerze
Kette
Kind
Kinder'garten
Kinn
Kino
Kirche
Kirsche
Kissen
Kiste
Klasse ®
Klee'blatt
Kleid
Klo
Knecht
Knie
Knochen
Knopf
Knoten
Koch'löffel
König
König'in
Körper
Koffer

154

Kopf	Mauer	Platte	Schal
Kopf'kissen	Maus	Platz	Schall'platte
Korb	Meer *	Poliz'ei	Schaufel
Korn	Meer'schwein'chen	Poliz'ist	Schaukel
Kragen	Mehl	Pony	Schaum
Kralle	Meister	Post	Scheibe
Kranken'haus	Mensch	Po(po) *	Scherbe
Kranken'wagen	Messer	Prinz	Schere
Kreide	Metzger	Prinzess'in ®	Schiene
Kreis	Mikrofon *	Pudding	Schiff
Kröte	Milch	Pulli	Schild
Krokodil	Mist	Pullover *	Schild'kröte
Krone	Mittag'essen	Punkt	Schlange
Kuchen	Mittel	Puppe	Schlauch
Kuckuck *	Motor *	Puppen'wagen	Schleife
Küche	Motor'rad	Quark	Schlitten
Kühl'schrank	Mücke	Rabe	Schloss ®
Künstler *	Müll	Rad	Schlüssel
Kugel	Müll'eimer	Radio	Schmutz
Kuh	Mütze	Räuber	Schnabel
Kurve	Mund	Rand	Schnecke
Lampe	Nachbar	Ranzen	Schnee
Land	Nagel	Rasen	Schnee'mann
Lappen	Nase	Rauch	Schnur
Last	Nelke	Raum	Schokolade
Last'wagen	Nest	Raupe	Schramme
Lehrer	Nuss ®	**Regen**	Schrank
Leine	Obst	Reh	Schraube
Leiter	Ofen	Reis	Schrift
Lese'buch	Ohr	Reiß'ver'schluss ®	Schüler
Leser	Onkel	Richter	Schuh
Leute	Orange	Riese	Schule
Lineal *	Ort	Ring	Schulter
Lin'ie	Paar *	Rock	Schutz'mann
Lippe	Paket	Rolle	Schwanz
Loch	Papier	Roller	Schwein
Löffel	Paste	Roll'schuh	Schwester
Löwe	**Person**	Rose	See
Luft	Pfanne	Ruck'sack	**Seife**
Luft'ballon *	Pfarrer	Runde	Seil
Mäd'chen	Pfennig	Rutsch'bahn	Seite
Maler	Pferd	Sack	Sessel *
Mann *	Pflaster	Saft	Sittich
Mantel	Pflug	Salat	Sitz
Margarine	Pilz	Salz	Ski
Mark(e)	Pipi *	Sand	Socken
Markt	Pistole	Sand'kasten	Sofa
Marmelade	Plätz'chen	Schachtel	Sohn
Maschine	Plan	Schäfer'hund	Soldat
Masse	Plast'ik	Schaf	Soße

Regelungen und Modellwörter

155

<table>
<tr><td>Spaten</td><td>Theater</td><td>Zahn'pasta, -e</td><td>Flug</td></tr>
<tr><td>Spatz</td><td>Tier</td><td>Zange</td><td>**Frage**</td></tr>
<tr><td>Spiegel</td><td>Tiger</td><td>Zauberer</td><td>**Freude**</td></tr>
<tr><td>Spiel'sachen</td><td>Tisch</td><td>Zaun</td><td>Frieden</td></tr>
<tr><td>Spiel'zeug</td><td>Tochter</td><td>Zeh(e)</td><td>Früh'stück</td></tr>
<tr><td>Spinne</td><td>Toilette</td><td>Zelt</td><td>Furcht</td></tr>
<tr><td>Spitze</td><td>Tomate</td><td>Zettel</td><td>Geburt</td></tr>
<tr><td>Sport'platz</td><td>Topf</td><td>Zeug</td><td>Geburt's'tag</td></tr>
<tr><td>Stab</td><td>Tor</td><td>Ziege</td><td>Ge'danke</td></tr>
<tr><td>Stadt *</td><td>Treppe</td><td>Zimmer</td><td>Gefahr</td></tr>
<tr><td>Stall</td><td>Trommel</td><td>Zirkus</td><td>Ge'fühl</td></tr>
<tr><td>Stamm</td><td>Tuch</td><td>Zoo</td><td>Ge'räusch</td></tr>
<tr><td>Stand</td><td>Tür(e)</td><td>Zopf</td><td>Geschichte</td></tr>
<tr><td>Stange</td><td>Tüte</td><td>Zucker</td><td>Ge'schmack</td></tr>
<tr><td>Stein</td><td>Tulpe</td><td>Zug *</td><td>Ge'schrei</td></tr>
<tr><td>Stelle</td><td>Turm</td><td>Zunge</td><td>Ge'witter</td></tr>
<tr><td>Stern</td><td>Turn'schuh</td><td>Zwerg</td><td>Gier</td></tr>
<tr><td>Stiefel</td><td>Uhr</td><td>Zwiebel</td><td>Glaube(n)</td></tr>
<tr><td>Stift</td><td>Ver'käufer</td><td></td><td>Glück</td></tr>
<tr><td>Stock</td><td>Vetter</td><td>**Abstrakta**</td><td>Grad</td></tr>
<tr><td>Stoff</td><td>Vogel</td><td>Ärger</td><td>Größe</td></tr>
<tr><td>Storch</td><td>Volk</td><td>An'fang</td><td>Grund</td></tr>
<tr><td>Strand</td><td>Waffe</td><td>Angst</td><td>Hälfte</td></tr>
<tr><td>Straße</td><td>Wagen</td><td>Antwort *</td><td>Haupt'sache</td></tr>
<tr><td>Straßen'bahn</td><td>Wal</td><td>Appetit</td><td>Haus'halt</td></tr>
<tr><td>Streifen</td><td>Wald</td><td>Arbeit</td><td>Hilfe</td></tr>
<tr><td>Strich</td><td>Wand</td><td>Art</td><td>Hitze</td></tr>
<tr><td>Stroh</td><td>Wanne</td><td>Auf'gabe</td><td>Hunger</td></tr>
<tr><td>Strumpf</td><td>Wasch'lappen</td><td>Augen'blick</td><td>Idee</td></tr>
<tr><td>Strumpf'hose</td><td>Wasser</td><td>Bei'spiel</td><td>Industrie</td></tr>
<tr><td>Stube</td><td>Wecker</td><td>**Be'ruf**</td><td>Interesse</td></tr>
<tr><td>Stück</td><td>Weg</td><td>Bescheid</td><td>Jahr</td></tr>
<tr><td>Stufe</td><td>Wein</td><td>Be'such</td><td>Jahr'hundert</td></tr>
<tr><td>Stuhl</td><td>Welle</td><td>Be'trieb</td><td>Jahr'zehnt</td></tr>
<tr><td>Suppe</td><td>Wellen'sittich</td><td>Blick</td><td>Jugend</td></tr>
<tr><td>Tafel</td><td>Welt</td><td>Blitz</td><td>Kampf</td></tr>
<tr><td>Tal</td><td>Werk</td><td>Dienst</td><td>Kilo</td></tr>
<tr><td>Tanne</td><td>Wiese</td><td>Druck</td><td>Kilo'meter</td></tr>
<tr><td>**Tante**</td><td>Wirt</td><td>Durst</td><td>Konzert</td></tr>
<tr><td>Tasche</td><td>Wohn'zimmer</td><td>Ehe</td><td>Krach</td></tr>
<tr><td>Taschen'tuch</td><td>Wolf</td><td>Eile</td><td>Kraft</td></tr>
<tr><td>Tasse ®</td><td>Wolke</td><td>Ende</td><td>Krieg</td></tr>
<tr><td>Taube</td><td>Wolle</td><td>Er'folg</td><td>Kunst</td></tr>
<tr><td>Teddy</td><td>Würfel</td><td>Ernte</td><td>Kuss ®</td></tr>
<tr><td>Tee</td><td>Wurm</td><td>Fahrt</td><td>Lauf</td></tr>
<tr><td>Telefon *</td><td>Wurst</td><td>Fall</td><td>Licht</td></tr>
<tr><td>Telegramm</td><td>Wurzel</td><td>Fehler</td><td>Liebe</td></tr>
<tr><td>Teller</td><td>Zahn</td><td>Ferien</td><td>Lied</td></tr>
<tr><td>Teppich</td><td>Zahn'arzt</td><td>Firma</td><td>Lohn</td></tr>
<tr><td>Teufel</td><td>Zahn'bürste</td><td>Fleiß</td><td>Lust</td></tr>
</table>

156

Mär'chen	Osten	Sicht	Un'glück
Mal	Pause	Sinn	Unter'schied
Mathemat'ik *	Pech	Sommer'ferien	Urlaub *
Menge	Pfund	Sommer'tag	Ver'ein
Meter	Preis	Spaß	Ver'kehr
Milliarde	Problem	Spiel	Vor'schlag
Million	Programm	Sport	Wahl
Minute	Quatsch	Sprache	Wechsel
Mitte	Recht	Stimme	**Weile**
Moment	Reihe	Strafe	Westen
Monat	Reise	Streich	Wetter
Mühe	Rest	Streit	Wett'rennen
Mus'ik	Ruhe	Stunde	Wind
Mut	Sache	Sturm	Witz
Nähe	Satz	Süden	Woche
Name	Schluss ®	Tag	Wort
Natur	Schreck	**Teil**	Wunsch
Norden	Schritt	Tod *	**Wut**
Not	Schul'arbeit(en)	Trauer	Zahl
Null	Schul'jahr	Traum	Zeit
Nummer	Schuss ®	Trick	Ziel
Ohr'feige *	Schutz	Un'fall	Zu'kunft

Regelungen und
Modellwörter

157

7. Wortfamilien

7.1 Wortbausteine und Zusammensetzungen in der alphabetischen Liste

Hinweise

- Es sind keine Wortfamilien aus nur zwei Mitgliedern aufgeführt, wenn sie in der alphabetischen Liste unmittelbar zusammen stehen.
- Die Stichwörter sind z.T. vereinfacht.

A

ab	ab'geben		an'haben	Angst	ängst'lich
	ab'holen		an'halten	Apfel	Apfel'saft
	ab'machen		an'kommen		Apfel'sine
	ab'nehmen		an'malen	auf	auf'passen
	ab'schneiden		an'nehmen		auf'räumen
	ab'schreiben		an'rufen		auf'reißen
Abend	Abend'brot		an'schauen		auf's
	abend's		an'sehen		auf'schreiben
	Sonn'abend		an'springen		auf'stehen
acht	be'obachten		an'ziehen		auf'wachen
Ärger	ärger'lich		dar'an, dran		darauf'setzen
	ärgern		her'an, her'an-		dar'auf, drauf
ahnen	ähn'lich		vor'an, vor'an-		Haus'auf'gabe
	Ahn'ung	andere	ändern		her'auf(-)
alle	allein(e)		ander's		hin'auf(-)
	über'all		einander	aus	aus'denken
an	an'dauern'd	Arbeit	arbeiten		aus'einander
	An'fänger		Arbeiter		aus'gehen
	an'fahren		Schul'arbeit(en)		aus'lachen
	An'fang	auf	auf'bauen		aus'machen
	an'fangen		auf'essen		aus'prob'ieren
	an'fassen		auf'fressen		aus'reißen
	an'geben		Auf'gabe		aus'ruhen
	an'gucken		auf'haben		aus'rutschen
			auf'heben		aus'sehen
			auf'hören		aus'steigen
			auf'machen		aus'suchen

158

	aus'trocknen		bei'nah(e)		da'mal's
	aus'ziehen		Bei'spiel		da'mit
	dar'aus		da'bei		da'nach
	durch'aus		vor'bei(-)		da'neben
	her'aus(-)		wo'bei		da'von
	hin'aus(-)	bieten	Ge'biet		da'vor
außen	außer		ver'bieten		da'zu
	außer'dem	binden	ver'binden	Dank	danke
	draußen	bis	bis'her		danken
		biss'chen	bissen		Ge'danke

B

Bad	baden	Blatt	Klee'blatt	dar(-)	dar'an, dran
	Bade'wanne	blau	dunkel'blau		dar'auf, drauf
Bahn	Bahn'hof		hell'blau		dar'aus
	Eisen'bahn	Blei	Blei'stift		dar'in, drin
	Rutsch'bahn	Blick	Augen'blick		dar'innen
	Straßen'bahn	Boden	Fuß'boden		dar'über
Ball	Fuß'ball	brauchen	ge'brauchen		dar'um
	Luft'ballon	braun	dunkel'braun		dar'unter
(-bar)	furcht'bar		hell'braun	dar'auf	darauf'setzen
Bau	auf'bauen	brechen	zer'brechen	dauern	an'dauern'd
	bauen	bringen	mit'bringen	Decke	ent'decken
	Bauer	Brot	Abend'brot		zu'decken
	Gebäude		Bröt'chen	dem	außer'dem
(be-)	be'deuten		Butter'brot		nach'dem
	be'eilen	Buch	Buche		trotz'dem
	be'gegnen		Buch'stabe	denken	aus'denken
	be'halten		Lese'buch	der	deren
	be'kannt	Bürste	bürsten		der'selbe
	be'kam		Zahn'bürste	deut'lich	be'deuten
	be'kommen	Busch	Ge'büsch	Diener	Dienst
	be'kommt				Diens'tag
	be'lohnen				ver'dienen
	be'nutzen	## C		Ding	Ding's
	be'obachten				un'be'ding't
	Be'ruf	(-chen)	biss'chen	doch	je'doch
	be'schäft'igen		Bröt'chen	donnern	Donner's'tag
	be'sonder's		Eich'hörn'chen	drehen	herum'drehen
	be'stimmen		Hös'chen		um'drehen
	be'stimmt		Kanin'chen	drei	drei'mal
	Be'such		Meer'schwein'-chen		Drei'rad
	be'suchen		Plätz'chen		dreißig
	Be'trieb				drei'zehn
	be'vor	## D		Druck	drücken
	be'wegen			dunk(e)le	dunkel'blau
	be'zahlen	da(-)	da'bei		dunkel'braun
	un'be'ding't		da'durch	durch	da'durch
Beere	Erd'beere		da'für		durch'aus
bei	beim		da'gegen		durch'führen
			da'heim		zwischen'durch
			da'hin		
			da'hinten		

Wortfamilien

159

E

eben	eben'fall's
	eben'so
Eile	be'eilen
Eimer	Müll'eimer
(ein-)	ein'ander
	einer
	ein'fach
	ein'fallen
	ein'gehen
	ein'ige(n)
	ein'kaufen
	ein'laden
	ein'mal
	ein'nehmen
	ein'richten
	eins
	ein'sam
	ein'schlafen
	ein'steigen
	einzige
	her'ein(-), rein
	hin'ein(-)
	irgend'einer
	Ver'ein
ein'ander	aus'einander
	mit'einander
Ende	(end-)
	end'lich
(ent-)	ent'decken
	ent'fernen
	ent'weder
(er-)	Er'folg
	er'füllen
	er'halten
	er'innern
	er'kennen
	Er'klär'ung
	er'leben
	Er'leb'nis
	er'reichen
	er'schraken
	er'schrecken
	er'schrocken
	er'sticken
	er'widern
	er'wischen
	er'zählen
Erde	Erd'beere

erst	erster
	zu'erst
essen	auf'essen
	Mittag'essen

F

(-fach)	ein'fach
fahren	an'fahren
	Auto'fahrer
	fährt
	Fahrer
	Fahr'rad
	Fahrt
	Gefahr
	heim'fahren
	herum'fahren, r.
	herunter'f., r.
	los'fahren
	Ski fahren
	über'fahren
	weg'fahren
	weiter'fahren
Fall	eben'fall's
	ein'fallen
	fällt
	fallen
	fall's
	ge'fallen
	herunter'f., r.
	hin'fallen
	um'fallen
	Un'fall
fangen	An'fänger
	An'fang
	an'fangen
	Ge'fäng'nis
fassen	an'fassen
	Fass
Feige	Ohr'feige
Ferien	Sommer'ferien
fern	ent'fernen
	fernsehen, F.
fest	fest'halten
	fest'stellen
Fisch	Gold'fisch
Fleiß	fleiß'ig
Fliege	fliegen
	hin'fliegen
	weg'fliegen
Flug	Flügel

	Flug'zeug
folgen	Er'folg
Forst	Förster
fort	so'fort
Frau	Fräu'lein
	Haus'frau
frei	Frei'tag
fressen	auf'fressen
Freund	Freund'in
	freund'lich
Frieden	zu'frieden
früh(er)	Früh'ling
	Früh'stück
fühlen	Ge'fühl
füllen	er'füllen
führen	durch'führen
fünf	fünf'zehn
	fünf'zig
für	da'für
	wo'für
Furcht	furcht'bar
Fuß	Fuß'ball
	Fuß'boden
Futter	füttern

G

gaben	Auf'gabe
	Haus'auf'gabe
Gang	gingen
gar	gar kein
	gar nicht
	so'gar
Garten	Kinder'garten
(ge-)	Ge'biet
	ge'brauchen
	Ge'büsch
	Ge'danke
	Ge'fäng'nis
	ge'fallen
	Ge'fühl
	ge'hören
	Ge'legen'heit
	Ge'müse
	ge'müt'lich
	ge'nießen
	ge'nommen
	ge'nossen
	Ge'räusch
	Ge'schäft

160

	Ge'schenk				wo'her
	Ge'schmack	**H**		her'aus(-)	heraus'gehen
	Ge'schrei	haben	an'haben		heraus'gucken
	ge'schwind		auf'haben		heraus'holen
	ge'sessen	halbe	des'halb		heraus'kommen
	Ge'sicht		inner'halb	her'ein(-)	herein'gehen
	ge'wesen	halt	an'halten		herein'kommen
	ge'wiss		be'halten		herein'stecken
	Ge'witter		er'halten	her'um	herum'drehen
	ge'worden		fest'halten		herum'fahren
geben	ab'geben		hält		herum'laufen
	an'geben		halten	her'unter	herunter'fahren
Geburt	Geburt's'tag		Halte'stelle		herunter'fallen
Gefahr	gefähr'lich		Haus'halt		herunter'gehen
	ungefähr		unter'halten		herunter'kommen
gegen	be'gegnen	Hand	handeln		herunter'rutschen
	da'gegen		Hand'tuch	hin(-)	da'hin
	Gegend	Haufen	häuf'ig		hier'hin
	gegen'über	Haupt	Haupt'sache		hin'auf(-)
gehen	aus'gehen		über'haupt		hin'aus(-)
	ein'gehen	Haus	Haus'auf'gabe		hin'ein(-)
	heim'gehen		Haus'frau		hin'fallen
	heraus'gehen, r.		Haus'halt		hin'fliegen
	herein'gehen, r.		Haus'tür		hin'gehen
	herunter'g., r.		Kranken'haus		hin'kommen
	hinauf'gehen		zu Hause		hin'legen
	hin'gehen	heben	auf'heben		hin'setzen
	hoch'gehen		Hebel		hin'stellen
	los'gehen	Heim	da'heim		hin'über
	mit'gehen		heim'fahren		wo'hin
	spazieren gehen		heim'gehen	hin'auf(-)	hinauf'gehen
	unter'gehen		heim'kommen	hinten	da'hinten
	weg'gehen	(-heit)	Ge'legen'heit	hoch	hoch'gehen
	weiter'gehen		Krank'heit		hoch'kommen
	zurück'gehen	heizen	Heiz'ung	hören	auf'hören
ge'schwind	Geschwind'ig'keit	helfen	Hilfe		ge'hören
	ver'schwinden	hell	hell'blau	Hof	Bahn'hof
gesessen	Sessel		hell'braun	hoffen	hoffen't'lich
Gier	neu'gier'ig	her(-)	bis'her		Hoffn'ung
Glück	glück'lich		her'an(-)	hohe	höher
	Un'glück		her'auf(-)	holen	ab'holen
Gold	golden		her'aus(-)		heraus'holen,
	Gold'fisch		her'ein(-)		wieder'holen
große	Größe		her'kommen	Horn	Eich'hörn'chen
	größer		her'über	Hose	Hös'chen
gucken	an'gucken		her'um		Strumpf'hose
	heraus'gucken, r.		her'unter	Hund	Schäfer'hund
	zu'gucken		hinter'her	hundert	Jahr'hundert
Gummi	Kau'gummi		nach'her	Hunger	hungr'ig
			vor'her		

Wortfamilien

161

I

(-ieren)	aus'prob'ieren
	interess'ieren
	kap'ieren
	pass'ieren
	prob'ieren
	ras'ieren
	spaz'ieren
	spaz'ieren g.
(-ig)	be'schäft'igen
	bill'ig
	ein'ige(n)
	fleiß'ig
	Geschwind'ig'keit
	häuf'ig
	hungr'ig
	lang'weil'ig
	lust'ig
	mächt'ig
	neu'gier'ig
	nöt'ig
	not'wend'ig
	richt'ig
	ruh'ig
	schmutz'ig
	schwier'ig
	Schwier'ig'keit
	selbst'ständ'ig
	tät'ig
	Tät'ig'keit
	traur'ig
	übr'ige
	völl'ig
	vor'sicht'ig
(-ik)	Fabr'ik
	Mathemat'ik
	Mus'ik
	Plast'ik
in	dar'in, drin
	in's
	in'zwischen
(-in)	Freund'in
	König'in
	Prinz'ess'in
innen	dar'innen
	er'innern
	inner'halb
Interesse	interessant
	interess'ieren

irgend	irgend'einer
	irgend'etwas
	irgend'jemand
	irgend'was
	irgend'welche
	irgend'wer
	irgend'wie
	irgend'wo
irren	ver'irren
(-isch)	elektr'isch
	kom'isch
	prakt'isch

J

Jahr	Jahr'hundert
	Jahr'zehnt
	Schul'jahr
je	je'doch

K

Kamm	kämmen
Kampf	kämpfen
kannten	be'kannt
Kasten	Sand'kasten
kauen	Kau'gummi
kaufen	ein'kaufen
	Ver'käufer
	ver'kaufen
kehren	Ver'kehr
keiner	gar kein
(-keit)	Geschwind'ig'keit
	Mög'lich'keit
	Schwier'ig'keit
	Tät'ig'keit
kennen	er'kennen
	kennen lernen
Kind	Kinder'garten
kippen	um'kippen
Kissen	Kopf'kissen
klar	er'klären
	Er'klär'ung
Klee	Klee'blatt
Kleid	ver'kleiden
kommen	an'kommen
	be'kommen
	be'kommt
	heim'kommen
	heraus'kommen
	raus'kommen

	herein'kommen
	rein'kommen.
	her'kommen
	herunter'kommen
	runter'kommen
	hin'kommen
	hoch'kommen
	kommt
	vor'bei'kommen
	wieder'kommen
	zurück'kommen
krank	Kranken'haus
	Kranken'wagen
	Krank'heit
Kröte	Schild'kröte
kühl	Kühl'schrank
Kunst	Künstler

L

lachen	aus'lachen
	lächeln
laden	ein'laden
Land	Deutsch'land
	Land'wirt'schaft
lang(e)	lang'sam
	lang'weil'ig
	ver'langen
Lappen	Wasch'lappen
lassen	lässt
	los'lassen
Last	Last'wagen
Lauf	herum'laufen, r.
	laufen
	nach'laufen
	weg'laufen
laut	läuten
	lauter
leben	er'leben
	Er'leb'nis
legen	Ge'legen'heit
	hin'legen
	über'legen
leicht	viel'leicht
leiden	leider
(-lein)	Fräu'lein
lernen	kennen lernen
lesen	Lese'buch
	Leser
	vor'lesen
letzte	zu'letzt

162

(-lich)	ähn'lich
	ängst'lich
	ärger'lich
	deut'lich
	eigen't'lich
	end'lich
	freund'lich
	fröh'lich
	gefähr'lich
	ge'müt'lich
	glück'lich
	hoffen't'lich
	mög'lich
	Mög'lich'keit
	näm'lich
	natür'lich
	niedlich
	persön'lich
	plötz'lich
	schließ'lich
	schreck'lich
	täg'lich
	wahr'schein'lich
	wirk'lich
	ziem'lich
(-ling)	Früh'ling
	Schmetter'ling
	Sper'ling
Löffel	Koch'löffel
Lohn	be'lohnen
los	lösen
	los'fahren
	los'gehen
	los'lassen

M

machen	ab'machen
	auf'machen
	aus'machen
	mächt'ig
	mit'machen
	nach'machen
	zu'machen
mal(en)	an'malen
	da'mal's
	drei'mal
	ein'mal
	Mal
	Maler
	manch'mal
	nie'mals

	noch mal
	zwei'mal
Mann	Schnee'mann
	Schutz'mann
Mark(e)	Brief'marke
mehr	mehrere
Meter	Kilo'meter
mit(-)	da'mit
	mit'bringen
	mit'einander
	mit'gehen
	mit'machen
	mit'nehmen
Mittag	Mittag'essen
	mittag's
	Nach'mittag
Mitte	Mittel
	mitten
	Mitt'woch
mögen	mög'lich
	Mög'lich'keit
morgen	morgen's
	über'morgen
Müll	Müll'eimer
Mut	ge'müt'lich

N

nach(-)	da'nach
	Nachbar
	nach'dem
	nach'her
	nach'laufen
	nach'machen
	Nach'mittag
Nacht	nacht's
	Weih'nachten
nah(e)	bei'nah(e)
	Nähe
	nähen
Name	näm'lich
neben	da'neben
nehmen	ab'nehmen
	an'nehmen
	ein'nehmen
	mit'nehmen
	über'nehmen
	weg'nehmen
neun	neun'zehn
	neun'zig

nicht	gar nicht
	nicht's
nie	nie'mals
	niemand
(-nis)	Er'leb'nis
	Ge'fäng'nis
	Zeug'nis
Not	nöt'ig
	not'wend'ig
Nutzen	be'nutzen

O

ob	ob'wohl
offen	öffnen
Ohr	Ohr'feige

P

passen	auf'passen
	pass'ieren
Paste	Zahn'pasta, -e
Person	persön'lich
Platte	Schall'platte
Platz	Plätz'chen
	platzen
	Sport'platz
Poliz'ei	Poliz'ist
prob'ieren	aus'prob'ieren
Puppe	Baby'puppe
	Puppen'wagen

R

Rad	Drei'rad
	Fahr'rad
	Motor'rad
raten	ver'raten
rauben	Räuber
Raum	auf'räumen
rauschen	Ge'räusch
recht	Recht
	recht's
reich	er'reichen
	reichen (Verb)
Reise	reisen
reißen	auf'reißen
	aus'reißen
	Reiß'ver'schluss
rennen	Wett'rennen
richten	berichten

Wortfamilien

163

	ein'richten	schreien	Ge'schrei	stehen	auf'stehen
	Richter	Schuh	Roll'schuh		ver'stehen
	richt'ig		Turn'schuh	steigen	aus'steigen
	Richt'ung	Schule	Schul'arbeit(en)		ein'steigen
Rolle	rollen		Schul'jahr	Stelle	fest'stellen
	Roller		Schüler		Halte'stelle
	Roll'schuh	Schutz	Schutz'mann		hin'stellen
rücken, R.	Ruck'sack	Schwein	Meer'schwein-		stellen
	rück'wärts		chen		stellt
	ver'rückt	sechs	sech'zehn		vor'stellen
	zu'rück(-)		sech'zig	Stift	Blei'stift
rufen	an'rufen	sehen	an'sehen	Stimme	be'stimmen
	Be'ruf		aus'sehen		be'stimmt
Ruhe	aus'ruhen		fernsehen, F.		stimmen
	ruh'ig		wieder sehen	stoßen	zusammen'stoßen
rutschen	aus'rutschen	selber	der'selbe	Streich	streichen
	herunter'rutschen		selbst		streicheln
	Rutsch'bahn		selbst'ständig	Strich	strichen
		setzen	darauf'setzen	Stück	Früh'stück
S			hin'setzen	suchen	aus'suchen
Sache	Haupt'sache	Sicht	Ge'sicht		Be'such
	Spiel'sachen		vor'sicht'ig		be'suchen
Sack	Ruck'sack	sieben	sieb'zehn		unter'suchen
Saft	Apfel'saft		sieb'zig		ver'suchen
(-sam)	ein'sam	Sittich	Wellen'sittich		
	lang'sam	so	also	**T**	
sammeln	zu'sammen		eben'so	Tag	Diens'tag
	zusammen'stoßen		genau'so		Donner's'tag
(-schaft)	be'schäft'igen		so'fort		Frei'tag
	Ge'schäft		so'gar		Geburt's'tag
	Land'wirt'schaft		so'wie'so		Mittag
schauen	an'schauen		um'so		Mon'tag
scheinen	er'scheinen		wie'so		Nach'mittag
	wahr'schein'lich	Sommer	Sommer'ferien		Sams'tag
schenken	Ge'schenk		Sommer'tag		Sommer'tag
schlafen	ein'schlafen	sondern	be'sonder's		Sonn'tag
schlagen	über'schlagen	Sonne	Sonn'abend		täg'lich
	Vor'schlag		Sonn'tag	taten	tät'ig
schließen	schließ'lich	Spiel	Bei'spiel		Tät'ig'keit
Schloss	schlossen		spielen	Trauer	traur'ig
Schluss	Reiß'ver'schluss		Spiel'sachen	Traum	träumen
	Schlüssel		Spiel'zeug	trieben	Be'trieb
schmecken	Ge'schmack	sprechen	ver'sprechen	trocken	aus'trocknen
schneiden	ab'schneiden	springen	an'springen		trocknen
Schrank	Kühl'schrank	Stab	Buch'stabe	Tuch	Hand'tuch
Schreck	er'schrecken	Stand	selbst'ständ'ig		Taschen'tuch
	schreck'lich		standen	Tür(e)	Haus'tür
schreiben	ab'schreiben	stauchen	ver'stauchen	tun	weh'tun
	auf'schreiben	stecken	herein'stecken		
			ver'stecken		

164

U

über(-)	dar'über
	gegen'über
	her'über
	hin'über
	über'all
	über'fahren
	über'haupt
	über'legen
	über'morgen
	über'nehmen
	über'schlagen
	übr'ige
	vor'über(-)
um(-)	dar'um
	her'um
	um'drehen
	um'fallen
	um'kippen
	um'so
	um'ziehen
(un-)	un'be'ding't
	Un'fall
	Un'glück
und	zwei'und'zwan'zig
(-ung)	Ahn'ung
	Er'klär'ung
	Heiz'ung
	Hoffn'ung
	Mein'ung
	Ordn'ung
	Richt'ung
	Wohn'ung
	Zeit'ung
unter	dar'unter
	her'unter, r.
	unter'gehen
	unter'halten
	Unter'schied
	unter'suchen
	unter'weg's

V

(ver-)	Reiß'ver'schluss
	ver'bieten
	ver'binden
	ver'dienen
	Ver'ein
	ver'gessen

	ver'irren
	Ver'käufer
	ver'kaufen
	Ver'kehr
	ver'kleiden
	ver'langen
	verletzen
	verlieren
	verloren
	ver'raten
	ver'rückt
	ver'schieden
	ver'schwinden
	ver'sprechen
	verstauchen
	ver'stecken
	ver'stehen
	ver'suchen
	ver'wandt
	ver'zaubern
viel	viel'leicht
	wie viel
	zu viel
vier	vier'zehn
	vier'zig
voll	völl'ig
von	da'von
vor	be'vor
	da'vor
	vor'an(-)
	vor'bei(-)
	vor'her
	vor'lesen
	Vor'schlag
	vor'sicht'ig
	vor'stellen
	vor'über(-)
	vor'wärt's
	vor'bei'kommen

W

wach	auf'wachen
	wachen
Wagen	Kranken'wagen
	Last'wagen
	Puppen'wagen
Wahl	wählen
wahr	wahr'schein'lich
Wanne	Bade'wanne
was	etwas, was

	irgend'was
weder	ent'weder
weg	weg'fahren
	weg'fliegen
	weg'gehen
	weg'laufen
	weg'nehmen
Weg	be'wegen
	unter'weg's
	wegen
weihen	Weih'nachten
Weile	lang'weil'ig
Welle	Wellen'sittich
weit(er)	weiter'fahren
	weiter'gehen
welcher	irgend'welche
wer	irgend'wer
wetten	Wett'rennen
wider(-)	er'widern
wie	irgend'wie
	so'wie'so
	wie'so
	wie viel
wieder	wieder'holen
	wieder'kommen
	wieder sehen
Wirt	Land'wirt'schaft
wissen	ge'wiss
wo	wo'bei
	wo'für
	wo'her
	wo'hin
Woche	Mitt'woch
wohl	ob'wohl
wohnen	Wohn'ung
	Wohn'zimmer
Wunsch	wünschen
Wut	wüten'd

Z

Zahl	be'zahlen
	er'zählen
	zählen
	zahlen
Zahn	Zahn'arzt
	Zahn'bürste
	Zahn'pasta, -e
zaubern	ver'zaubern
	Zauberer

Wortfamilien

165

zehn	drei'zehn		neun'zig		zu'machen
	fünf'zehn		sech'zig		zur
	Jahr'zehnt		sieb'zig		zu'rück(-)
	neun'zehn		vier'zig		zu'sammen
	sech'zehn		zwan'zig		zu viel
	sieb'zehn		zwei'und'zwan'zig	zu'rück(-)	zurück'gehen
	vier'zehn	Zimmer	Wohn'zimmer		zurück'kommen
(zer-)	zer'brechen	zu(-)	da'zu	zu'sammen	zusammen'stoßen
Zeug	Flug'zeug		zu'decken	zwan'zig	zwei'und'zwan'zig
	Spiel'zeug		zu'erst	zwei	zwei'mal
	Zeug'nis		zu'frieden		zweiter
ziehen	an'ziehen		zu'gucken		zwei'und'zwan'zig
	aus'ziehen		zu Hause	zwischen	in'zwischen
	um'ziehen		Zu'kunft		zwischen'durch
(-zig)	einzige		zu'letzt		
	fünf'zig		zum		

166

7.2 Verben mit rechtschreiblich schweren Nebenstämmen

beißen	bissen	kennen	kannten	sehen	sahen
be'kommen	be'kam	kneifen	kniffen		sieht
	be'kommt	können	kann	sein	bin
biegen	bogen		konnten		bist
bieten	boten	kommen	kamen		ge'wesen
bitten	baten		kommt		ist
bleiben	blieben	lassen	lässt		seid
brennen	brannten		ließen		sind
bringen	brachten	laufen	liefen		waren
denken	dachten	leiden	litten		wären
dürfen	darf	leihen	liehen	senden	sandten
er'schrecken	er'schraken	lesen	lasen	sitzen	saßen
	er'schrocken		liest		ge'sessen
essen	aßen	liegen	lagen	sprechen	sprachen
	isst	mögen	mochten	stehen	standen
fahren	fährt		möchten	steigen	stiegen
	fuhren	müssen	musst	stellen	stellt
fallen	fällt	nehmen	ge'nommen	stoßen	stießen
	fiel		nahmen	streichen	strichen
fliegen	flogen		nimmt	treffen	trafen
fliehen	flohen	nennen	nannten	treiben	trieben
fließen	flossen	pfeifen	pfiffen	treten	tritt
fressen	fraßen	raten	rieten	tun	taten
	frisst	reißen	rissen		tue
geben	gaben	reiten	ritten	verlieren	verloren
	gibt	rennen	rannten	werden	ge'worden
gehen	gingen	rufen	riefen		wird
ge'nießen	ge'nossen	saufen	soffen		wirst
geschehen	geschahen	schaffen	schufen		worden
	geschieht	scheinen	schienen		wurden
gießen	gossen	schieben	schoben		würden
greifen	griffen	schlafen	schliefen	wissen	weiß
haben	hätten	schleichen	schlichen		wussten
	hast	schließen	schlossen		wüssten
	hat	schmeißen	schmissen	wollen	will
	hatten	schneiden	schnitten		wollten
halten	hält	schreiben	schrieben	ziehen	zogen
	hielten	schreien	schrie		
heißen	hießen	schweigen	schwiegen		

Wortfamilien

167

Dass bei den Verben mit <ss> bzw. <ß> im Infinitiv weiterhin ein Wechsel zu <ß> bzw. <ss> auftritt, wie etwa bei *essen*, *aßen*, *isst*, ist keine Schwäche in der Rechtschreibreform, wie gelegentlich behauptet wurde. Vielmehr sind die verbliebenen Fälle nur noch auf den Wechsel des Stammvokals zurückzuführen und nicht außerdem – wie vor der Reform – auf die Stellung von <ss> am Stammende und auf den nachfolgenden Laut. Vergleicht man die verbliebenen Wechsel bei Verben ohne <ss/ß>, so sieht man die Parallelen: *biegen – bogen*, *fallen – fiel* mit Wechsel der Vokalfarbe; *kommen – kamen*, *schneiden – schnitten*, *treten – tritt* zusätzlich mit Wechsel der Vokaldauer.

168

8. Zu den sprachstatistischen Grundlagen und zur Neubearbeitung

Welche Wörter wurden für die Liste häufiger Rechtschreibwörter berücksichtigt und aus welchen Quellen wurden sie gewonnen?

Als Grundlage für die Auswahl der Rechtschreibwörter wurden verschiedene empirische Quellen herangezogen, d.h. veröffentlichte oder verfügbare Wörterlisten, die auf Wörterzählungen in mündlichen oder schriftlichen Texten beruhen. Einen Gesamtüberblick gibt die Tabelle auf S. 172. Die ausgewerteten Quellen stellen ein Gesamtcorpus von gut 15 Mio. Wörtern dar. (Davon sind allerdings gut 10 Mio. in der sehr alten – und auch mit Computerhilfe nicht überbotenen – Sammlung von Kaeding enthalten. Wie in Naumann und Willée 1991 gezeigt, ist Kaeding für Wörterhäufigkeiten nur noch eingeschränkt brauchbar, für orthographisch-systematische Zählungen jedoch erstaunlich gut.) Bei der Aufnahme von Wörtern aus diesen Quellen in die Alphabetische Orientierungsliste waren drei Kriterien maßgebend:

- Das Wort sollte in der zugrunde liegenden Quelle eine Häufigkeit von mehr als 1/100 Prozent unter allen gezählten Wörtern haben (Relevanz innerhalb der Zählung). Es ergaben sich rund 3300 Wörter.[1]

- Das Wort sollte nicht nur in EINER Quelle häufig sein, sondern auch in anderen Zählungen eine Häufigkeit von 1/100 Prozent ausmachen (Vergleichbarkeit mit anderen Zählungen).

- Das Wort sollte nicht ausschließlich aus dem Bereich der Erwachsenensprache kommen.

Aufgrund dieser Festlegungen sind Wörter aus nur einer einzelnen Quelle NICHT aufgenommen worden, selbst wenn sie dort häufig waren; ebenso wenig wurden extrem Erwachsenen-typische Wörter berücksichtigt. Die Wörter in der

---

1 Diese Liste von 3300 Wörtern ist in einer Vorform abgedruckt in Naumann 1989a; sie ist jetzt auch als elektronische Datenbank verfügbar: Herné/Naumann 1999a.

169

Alphabetischen Orientierungsliste sind also gewissermaßen doppelt Häufigkeits-gefiltert.

Als erwünschter Nebeneffekt ergaben sich damit knapp 2000 Wörter. Die Zahl liegt nicht zu nahe an 1000, sodass erstens das Missverständnis vermieden werden konnte, doch einen Grundwortschatz vorzugeben (vergleiche Kapitel 2.) Zweitens wäre das Auswählen aus 3300 Wörtern unnötig belastend gewesen.

Folgende Quellen wurden benutzt und bildeten die Grundlage zur Kennzeichnung der genaueren Herkunft eines Stichwortes

- Gesprochene Kindersprache
  - Augst, G.: Kinderwort: Der aktive Kinderwortschatz (kurz vor der Einschulung). Frankfurt/Bern/New York: Peter Lang, 1984.
  - Pregel, D./G. Rickheit: Wörterlisten aus dem Braunschweiger Corpus. Nach unveröffentlichtem Manuskript. Inzwischen erschienen als D.P./G.R.: Der Wortschatz im Grundschulalter. Häufigkeitswörterbuch ... Hildesheim: Olms, 1987.
  - Wagner, Kl. R.: Drei Kinder aus dem Dortmunder Corpus (teilveröffentlicht 1975). Nach unveröffentlichten Computerlisten.

- Geschriebene Kindersprache
  - Balhorn, H./J. Vieluf/U. Vieluf: Bericht: Erhebung des Grundwortschatzes in Schulaufsätzen. Maschinenschriftlich Hamburg, 1984.
  - Oberender, W.: Der Häufigkeitswortschatz einer 3. Klasse. In: Die Schulwarte 4 (1951), S. 349–357.
  - Pregel/Rickheit: wie oben.

- Rechtschreibfehler in Schülertexten
  - Balhorn u.a.: wie oben.
  - Menzel, W.: Rechtschreibunterricht, Praxis und Theorie: Beiheft Praxis Deutsch 69 (1985); Nachdruck 1989.

- Gesprochene Erwachsenensprache
  - Pfeffer, J.A.: Grunddeutsch. Basic (Spoken) German Word List. Grundstufe. Englewood Cliffs N.J., 1964.
  - Ruoff, A.: Häufigkeitswörterbuch gesprochener Sprache. Tübingen, 1981.
  - Wängler, H.-H.: Rangwörterbuch hochdeutscher Umgangssprache. Marburg, 1963. (Gesprochene Sprache).

- Geschriebene/gedruckte Erwachsenensprache
  - Limas-Corpus. Nach unveröffentlichten Computerlisten.
  - Mannheimer Corpus I. Nach unveröffentlichten Computerlisten.

170

Nur für die Kennzeichnung in der Spalte „HÄUFIGKEIT INSGESAMT" wurden noch folgende Quellen zusätzlich berücksichtigt, wenngleich sie teilweise sehr alt oder sehr klein sind

- Kaeding, F.W., Hrsg.: Häufigkeitswörterbuch der deutschen Sprache. Steglitz bei Berlin, 1898.
- Schaffert: Mitabgedrucktes Material aus dem Jahre 1934, bei Oberender.
- Schlag, J.: Häufigkeitsproben aus dem Sprachschatz von sechs- und achtjährigen Kindern. In: Päd.-psych. Arbeiten aus dem Institut des Leipziger Lehrervereins, XI (1921). (Zwei Quellen).
- Wängler, H.-H.: Wie oben (geschriebene Sprache).

Ein nachträglicher Vergleich konnte noch vorgenommen werden mit

- Hesse, Harlinde; Klaus R. Wagner: Der Grundwortschatz der Primarstufe. Wortlisten und Anleitungen für den Aufbau eines klassenbezogenen Grundwortschatzes. Dorsten: Spectra 1985.

Die nachfolgende Tabelle fasst die eben genanten und alle weiteren bekannten empirischen Wortschatzzählungen von 1991 zusammen

Die Tabelle ist nach Modus, Informantenalter und Erscheinungsjahren geordnet, vgl. auch die Gruppenbildung in der letzten Spalte. Zu Literaturnachweisen siehe Kapitel 9. – In den Orientierungswortschatz wurden die durch Fettdruck der Autorennamen gekennzeichneten Zählungen aufgenommen.

- Mahlstedt 1985 und August 1989 (vgl. Kapitel 9) wären zu berücksichtigen wünschenswert gewesen, weil Anzahl und Umfang der Kinder-Quellen immer noch vergleichsweise klein sind. Mahlstedt wurde jedoch zu spät bekannt. Zur Schwierigkeit, August 1989 zu integrieren, vgl. Kapitel 2 (14).
- Das Freiburger Corpus stand nicht zur Verfügung.
- Rosengren (vgl. Kapitel 9), Mannheim II und das Bonner Zeitungskorpus I standen anfänglich nicht zur Verfügung. Da sie aber sowieso lediglich die vorhandene Masse der literarischen und Zeitungs-Texte und damit insgesamt die schon stark repräsentierten Erwachsenen-Daten zur gedruckten Sprache vermehrt hätten, wurde auf sie verzichtet.

Im Orientierungswortschatz sind also berücksichtigt:

- Für die Gruppenbildung im Herkunftsprofil: die 13 grau unterlegten Zählungen;
- Für die Häufigkeit insgesamt: die durch Fettdruck der Autorennamen markierten 18 Zählungen.

171

Name	Jahr[1]	Modus			Informanten		Text-länge	gezählte Einheiten	Gruppe
		mündlich	schriftlich	Fehler	Alter	Anzahl			
Schlag$_1$	1921	X			6 J.	2	27.000	WF	
Wagner	1975 (1985)	X			6, 8, 9 J.	3	45.000	WF	Kinder mündlich
Augst	1984	X			6 J.	10	24.000[2]	GF	
Pregel/Rick-heit	1987	X			1. - 4.Kl.	800	190.000	GF[3]	
Schlag$_2$	1921	X	X		2. Kl.	1 Kl.	18.000	WF	
Schaffert	(1934)		X		3. Kl.	1 Kl.	17.000	GF	
Oberender	1951		X		3. Kl	1 Kl.	22.000	GF	
Balhorn u.a	1984		X		4. Kl.	190	114.000	WF GF	Kinder schrift-lich
Pregel/Rick-heit	1987		X		3. + 4. Kl	200	68.000	GF[3]	
Mahlstedt	1985		X		1. - 4. Kl.	33 Kl.	54.000	WF GF	
Augst	1989		X		4. - 10.Kl	20	284.000	GF[4]	
Balhorn u.a.	1984			X	4. Kl.	190	9.000	WF GF	Kinder Fehler
Menzel	1985			X	2. - 10. Kl.	950	20.000	WF GF	
Wängler	1963	X			Jgd. + Erw.		80.000	WF	Erwach-sene mündlich
Pfeffer	1964	X			Jgd. + Erw.	450	595.000	GF	
Ruoff	1981	X			Erw.	343	500.000	GF	
Freiburg	(1974)[5]	X			Jgd. + Erw.		477.000	WF	
Kaeding	1898		X		Erw.		10.908.000	WF	
Wängler	1963		X		Erw.		80.000	WF	Erwach-sene
Mannheim I	(1970)		X		Erw.		2.145.000	WF	
Limas	(1971)		X		Erw.		1.000.000	WF	
Rosengren	1972		X		Erw.	594	2.977.000	WF GF	schriftlich = Druck
Mannheim II	(1973)		X		Erw.		331.000	WF	
Bonner Ztg. I	(1974)		X		Erw.		3.040.000	WF	

Orthographierelevante empirische Wortschatzzählungen
Nach Naumann 1989a und Naumann/Willée 1991

1 Eingeklammerte Jahreszahlen: nicht erschienen

2 Lexikonumfang

3 Bei Pregel/Rickheit sind nur Nomina, Verben und Adjektive gezählt

4 Auch morphemisiert dargeboten

5 Später teilpubliziert

172

Für die vorliegende 4. Auflage wurden folgende Veränderungen vorgenommen

Erhalten blieben der Wörterbestand, also die Hauptsubstanz von Kapitel 5 und 6, sowie gänzlich Kapitel 7, Wortfamilien. Alle erhalten gebliebenen Teile sind orthographisch angepasst.

Neu geschrieben sind die Kapitel „Auf einen Blick"; 1. zur Reform; 2. „Orientierungswortschatz" (auf der Basis von Naumann 1985); 3.2 und 3.3, die Praxisberichte aus Hauptschule und Lerntherapie.

Die Kennzeichnung der Wörter mit orthographischen Eigenschaften in Kapitel 5 wurde – überwiegend von K.-L. Herné – formal überarbeitet und inhaltlich etwas erweitert, unter dem Ziel leichterer Lesbarkeit und besserer Kompatibilität mit AFRA – Aachener Förderdiagnostische Rechtschreibfehler-Analyse (Herné/Naumann 1999b). Einige Stichwörter wurden konsequenterweise zerlegt, wie *be'eilen* und *Blei'stift*. Aus dieser Überarbeitung folgen auch Änderungen in Kapitel 4., Lesehilfen, und 6., Regelungen und Umkehrlisten; gänzlich neu sind die Modellwörter in Kapitel 6.

173

9. Literatur

Augst, Gerhard: Schriftwortschatz. Untersuchungen und Wortlisten zum orthographischen Lexikon bei Schülern und Erwachsenen. Frankfurt/M.: Lang 1989.

Augst, Gerhard/Dehn, Mechthild: Rechtschreibung und Rechtschreibunterricht. Können – Lehren – Lernen. Stuttgart: Ernst Klett 1998.

Bartz, Beate/Herné, Karl-Ludwig/Jungmann, Michaela u.a.: Rechtschreibbausteine für Klasse 5 und 6 (1999 – in Vorbereitung).

Bee-Götsche, Petra: Phonemische Bewußtheit – ein Ansatz am Ende? In: Heilpädagogische Forschung XVI, Heft 1 (1990), S. 21ff.

Brügelmann, Hans: Häufigkeitswortschatz ade. Oder: Was macht eine Wortauswahl zum Grundwortschatz. In: Die Grundschulzeitschrift 64 (1993), 34–36.

Brügelmann, Hans: Kinder auf dem Weg zur Schrift, 2. Aufl. 1986.

Conrady, Peter: Der Grundwortschatz in den Richtlinien und Lehrplänen. In: Grundschule 11 (1987), S. 33–34.

Conrady, Peter/Hesse, Harlinde/Hesse, Bodo u.a.: Grundwortschatz der 3. Generation. In: Grundschule 11 (1987), S. 35–36.

Drosdowski, Günther u.a. (Hrsg.): Duden Grammatik. Mannheim 5. Aufl. 1995.

Dummer, Lisa/Hackethal, Renate: Kieler Leseaufbau. Kiel: Veris 2. Auflage 1988.

Grund, Martin/Haug, Gerhard/Naumann, Carl Ludwig: DRT 4/5 Diagnostischer Rechtschreibtest für 4./5. Klassen. I.d. Reihe Deutsche Schultests (Hrsg.) K. Ingenkamp. Weinheim: Beltz 1994/1995.

Herné, Karl-Ludwig: Aachener Rechtschreib-Labor (ARELA). Rechtschreibliche Lernspielsoftware für IBM- und kompatible Computer, Version 2.0. Aachen: Alfa Zentaurus 1993

Herné, Karl-Ludwig/Naumann, Carl Ludwig: Fehleranalyse: Schlüssel zum Verständnis von Rechtschreibfehlern. In: Sprachrohr, Heft 1, 1996, S. 11–18.

Herné, Karl-Ludwig/Naumann, Carl Ludwig: Orientierungsliste für Rechtschreibunterricht und -Didaktik (ORD). Windows-basiertes Datenbanksystem mit 3300 häufigen Wörtern, Aachen: Alfa Zentaurus 1999a

Herné, Karl-Ludwig/Naumann, Carl Ludwig: AFRA – Aachener Fehleranalyse zur Rechtschreibung (1999b – in Vorbereitung).

Kluge, Wolfhard: Kann man die Großschreibung auf intuitivem Wege lernen? In: OBST Osnabrücker Beiträge zur Sprachtheorie 40 (1989), S. 87–89.

Kohrt, Manfred: Theoretische Aspekte der deutschen Orthographie. Tübingen: Niemeyer 1987.

Landerl, Karin: Legasthenie in Deutsch und Englisch. Frankfurt/M.: Lang 1996.

Löffler, Cordula/Naumann, Carl Ludwig: Chaos Rechtschreibung? In: Alfa-Rundbrief. Zeitschrift für Alphabetisierung und Elementarbildung. Nr. 23/24, Herbst 1993, S. 21–22 und 27–29.

Mahlstedt, Dagmar: Listen zum Grundwortschatz Hamburg, masch. verf. 1985.

Mann, Christine: Selbstbestimmtes Rechtschreiblernen. Rechtschreibunterricht als Strategievermittlung. Weinheim und Basel: Beltz 1991.

Morgenstern, Christian: Das ästhetische Wiesel.

Ein Wiesel
saß auf einem Kiesel   Das Mondkalb   Das raffinier-
inmitten Bachgeriesel.   verriet es mir   te Tier
Wisst ihr,   im stillen: tat's um des Reimes willen.
weshalb?

Naegele, Ingrid/Valtin, Renate (Hrsg.): Lese-und Rechtschreibschwierigkeiten in der Sekundarstufe I. Weinheim und Basel: Beltz Praxis 1983.

Naegele, Ingrid/Valtin, Renate (Hrsg.): LRS in den Klassen 1 – 10. Weinheim und Basel: Beltz Praxis. 1. Aufl. 1989. 4. Auflage des 1. Teils 1997; 4. Auflage des 2. Teils in Vorbereitung.

Naumann, Carl Ludwig: Grundwortschatzorientiertes Rechtschreiblernen. In: G.Augst (Hrsg.) Graphematik und Orthographie. Frankfurt 1985, S. 260–270.

Naumann, Carl Ludwig: Übungsblätter zur Lautunterscheidung, Eine Hilfe für den Rechtschreibunterricht im 3. – 7. Schuljahr. In: Praxis Deutsch 88/1988, S. 40–50.

Naumann, Carl Ludwig: Gesprochenes Deutsch und Orthographie. Linguistische und didaktische Studien zur Rolle der gesprochenen Sprache in System und Erwerb der Rechtschreibung. Frankfurt/M.: Lang, 1989a

Naumann, Carl Ludwig: Plädoyer für die Arbeit mit Grundwortschätzen. In: Ingrid M. Naegele/Valtin, Renate, 1989b, S. 181–185.

Naumann, Carl Ludwig: Rechtschreibprobleme in der Sekundarstufe I. In: Diskussion Deutsch, Heft 132, 1993, S. 287–298.

Naumann, Carl Ludwig: *allegro dialektissimo*. Schreiben, wie man (Kind/Niedersachse/Lehrer/Schauspieler/Bayer/ ...) spricht. In: Balhorn, Heiko/Niemann, Heide (Hrsg.): Sprachen werden Schrift. Lengwil am Bodensee: Libelle 1997, S. 213–220.

Naumann, Carl Ludwig: Woher die Aufregung? [Anmerkungen zur Rechtschreibreform] In: Praxis Deutsch 150 (1998), S. 4–8.

Naumann, Carl Ludwig: Chaosbegrenzung durch Lernwegweiser. Hilfen aus der Orthographiestruktur für das Rechtschreiblernen. In: Büchner, Inge (Hrsg.): Beiträge 1997/1998 der deutschen Gesellschaft für Lesen und Schreiben. Hamburg 1998, S. 78–99.

Naumann, Carl Ludwig/Schindler, Frank: Wörter für einen Rechtschreibgrundwortschatz. In: H.H. Munske u.a. (Hrsg.) Deutscher Wortschatz. Lexikologische Studien. Festschrift für L.E. Schmitt. Berlin 1988, S. 827–847.

Naumann, Carl Ludwig/Willée, Gerd: Überprüfung der Lauttreue der deutschen Orthographie. In: LDV-Forum 8, Nr 1 & 2, Jg. 1991, S. 3–20.

Reuter-Liehr, Carola: Lautgetreue Rechtschreibförderung. Bochum: Dieter Winkler 1992.

Risel, Heinz: Bestandsaufnahme: Rechtschreibdidaktik. Bühl: Konkordia 1997

Röber-Siekmeyer, Christa: Die Schriftsprache entdecken. Weinheim/Basel: Beltz Praxis 1993.

Rosengren, Inger: Ein Frequenzwörterbuch der deutschen Zeitungssprache. Lund CWK Gleerup 1972.

Spitta, Gudrun: Möglichkeiten und Grenzen der Arbeit mit einem Grundwortschatz. In Naegele, Ingrid/ Renate Valtin (Hrsg.): Rechtschreibunterricht in den Klassen 1 – 6. 2. Aufl. 1987, S. 58–62.

Weiden, Hildegard: Sicher lesen und rechtschreiben. Braunschweig: Westermann 1989.

Wendelmuth, Edmund: Mindestwortschatz für den Rechtschreibunterricht in den Klassen 1 bis 4. Berlin: Volk und Wissen 1. Aufl. 1971; 10. Aufl. 1989.

Zabel, Hermann (Hrsg.) Fremdwortorthographie. Tübingen: Niemeyer 1987.

Version 2.0

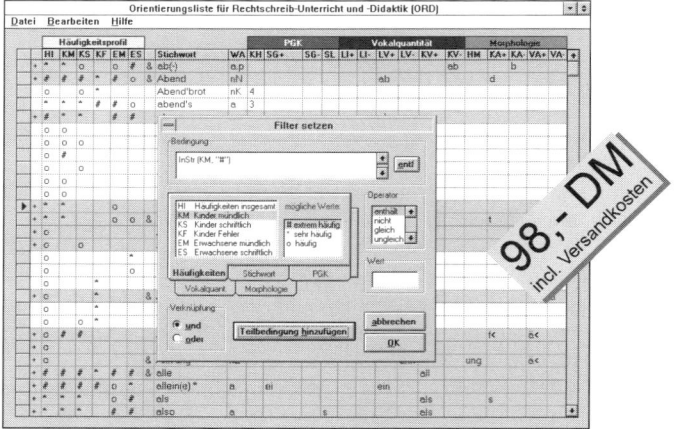

**Datenbanksystem zum Orientierungswortschatz
für Windows 3.1x und Windows 95/98**

Das ORD-Datenbanksystem mit seinen 3.300 häufigsten
deutschen Wörtern bietet Ihnen u.a. die Möglichkeit,

- einen individuellen bzw. lerngruppen-bezogenen
  Übungswortschatz zusammenzustellen,

- für Übungen zu bestimmten Problembereichen der
  deutschen Rechtschreibung solche Wörter aufzulisten,
  die z.B. von Kindern häufig benutzt werden,

- für didaktische Forschungszwecke Kinder- und
  Erwachsenen-Wortschätze zu vergleichen.

Das ORD-Datenbanksystem ist unter folgender Adresse
für 98,- DM (incl. Versandkosten) zu beziehen:

**Alfa Zentaurus
Verlagsgesellschaft dbR
Postfach 189
52002 Aachen**

176